Raza de víboras

El origen (Vol. I)

Virginia Mancebo

EDIQUID

RAZA DE VÍBORAS
El origen (Vol. I)

Editado por: Corporación Ígneo, S.A.C.
para su sello editorial Ediquid
Av. Arequipa 185 1380, Urb. Santa Beatriz. Lima, Perú
Primera edición, octubre, 2022

ISBN: 978-612-5078-48-3
Tiraje: 50 ejemplares

Hecho el Depósito Legal en la Biblioteca Nacional del Perú N° 2022-10676
Se terminó de imprimir en octubre, de 2022 en:
ALEPH IMPRESIONES SRL
Jr. Risso Nro. 580 Lince, Lima

www.grupoigneo.com
Correo electrónico: contacto@grupoigneo.com
Facebook: Grupo Ígneo | Twitter: @editorialigneo | Instagram: @grupoigneo

Adaptación de portada: Susana Santos
Ilustración de portada: Camilo Larosa
Corrección: Francesco Sarpi
Diagramación: Gisela Toledo

Colección: Pensamiento

Índice de contenido

Segunda parte

¡Serpientes!
¡Raza de víboras!
¿Cómo van a escapar del castigo del infierno?
(Mateo 23:33)

Agradecimientos

Agradezco a Dios Padre la oportunidad de ser de nuevo un instrumento en sus manos para divulgar los conocimientos que no suelen enseñarse en las Iglesias y por usarme como herramienta para exponer temas de suma importancia.

Gracias, Dios Padre Todopoderoso; gracias, Jesucristo, por bendecir mi vida personal y profesional.

A mi amada familia, regalo otorgado por parte del Padre Celestial, a mi esposo Christian, extraordinario compañero de vida, enorme apoyo en todo momento y con quien comparto esta hermosa misión otorgada por el único y verdadero Dios.

A mis amados hijos y a ustedes, queridos hermanos en la fe, la gran familia que se ha formado a través de los canales J.C.V.V. y Estudios y casos, de los cuales he aprendido tanto a lo largo de estos años. A todos y cada uno de ustedes mi amor y gratitud por siempre.

Dios, eres tan bueno conmigo. Grande es tu fidelidad.

Que se haga tu voluntad en mi vida.

En el nombre de Jesús,

amén.

Presentación

En tus manos sostienes un libro que expone el origen de los linajes reales[1] (la élite satánica), la conexión con la serpiente (Satanás) y lo que ocurrió en el Jardín del Edén. Además, profundizaremos en la hibridación ocurrida entre los ángeles caídos y las humanas, dando origen a los gigantes nefilim. El objetivo final es hallar el punto de origen de los linajes que gobiernan el mundo. Sabemos que unos pocos, la raza de víboras, controlan el mundo, pero... ¿cómo surgieron? ¿Cuál es el punto de origen de tales linajes satánicos?

Para aquellos que han leído las anteriores obras de mi autoría, saben que suelo tratar y exponer temas espirituales relacionados con la demonología, que son delicados y difíciles de digerir, y este libro no es la excepción. En esta oportunidad podrías, incluso, encontrarte con un contenido que tal vez sería apuntado por algunos como «herético». No me caben dudas de que más de uno se escandalizará por las conclusiones a las que me ha llevado este camino de estudio e investigación. En ocasiones, durante la lectura, te preguntarás si es posible y real lo que lees, o si te encuentras dentro de una película que mezcla entre terror y ciencia ficción.

Antes de dar continuidad a esta presentación, deseo aclarar un par de cuestiones. De ninguna forma afirmo que lo expuesto a continuación sea la verdad absoluta, solo lo presento como resultado de mis estudios e investigaciones. Aclaro, además, que no es mi intención herir la sensibilidad de nadie afirmando lo

1 Referente a la realeza.

que leerás en las próximas páginas. Tampoco deseo disuadir a ninguno de los lectores de creer lo que han aprendido toda la vida en sus respectivas Iglesias.

Para terminar, debo agregar que en ningún momento me desvío de la Biblia, ya que todo lo aquí expuesto tendrá respaldo en las Sagradas Escrituras. Invito a cada uno de los lectores a realizar su propia investigación y a pedir discernimiento al Espíritu Santo.

El presente libro, *Raza de víboras: el origen*, es el cuarto texto de mi autoría y el primero de una trilogía. Contiene toda la información e investigación que he podido reunir en algunos años de estudio concerniente al origen de los hijos de Satanás, cómo se creó esta «raza de víboras» y su impacto en la historia de la humanidad. A su vez, presentaré los linajes híbridos creados por los ángeles caídos (gigantes nefilim) y sus descendencias, que también conforman la élite, formando parte del linaje real incrustado desde hace miles de años en los más altos cargos de poder, controlando y manipulando la historia de la humanidad.[2]

Está claro que la interferencia demoniaca en la genética humana, y la finalidad de este texto, es llegar al punto de formación de lo que hoy llamamos «élite satánica de poder». En las siguientes páginas, planteo la posibilidad de un punto de origen

---

2 Este control y manipulación siempre se ha realizado dentro de los límites impuestos por Dios. En Mateo 10:29-30, leemos: «¿No se venden dos pajarillos por un cuarto? Con todo, ni uno de ellos cae a tierra sin vuestro Padre. Pues aún vuestros cabellos están todos contados». Tal es la soberanía de Dios sobre todo lo que existe y todo lo que sucede que, aun en los más pequeños detalles, allí está Él. Aquí aplica la llamada voluntad permisiva de Dios, es decir, permite que la élite satánica actúe contra la humanidad por ciertos motivos y hasta cierto punto, pero esta no es Su voluntad. Él sabe todo lo que sucede porque lo permite. Dios permite el actuar de la élite satánica con algún propósito que solamente Él conoce.

que, como he mencionado con anterioridad, será considerado por muchos como origen gnóstico y hasta herético, sin embargo, es compatible, de manera absoluta, con la Biblia.

Así mismo, ahondaremos en cómo, hace miles de años, los ángeles caídos se mezclaron con humanas y crearon sus descendientes nefilim, quienes dejaron un linaje real que esclaviza a la humanidad. Expondremos los híbridos, el concepto de los integrados, quiénes son, cómo forman parte y trabajan para la élite oscura.

Esta nueva trilogía está conectada con los anteriores volúmenes publicados sobre demonología: *Luz en la oscuridad: demonología moderna*, *Mensajeros del engaño demonios en piel alienígena* y *Demonios del sexo: íncubos y súcubos. Demonología y sexualidad*, en vista de que en varias ocasiones las tomaré como referencia y aplicaremos los conceptos allí mencionados, que serán de utilidad para comprender muchos otros que en este libro serán plasmados.

Que Dios Padre, creador de los cielos y la tierra, bendiga la humilde obra que escribo para su honra y gloria, que ilumine las tinieblas que se ocultan detrás del plan de dominación y esclavitud mundial, que sea de utilidad para arrojar luz y certeza de poder detener los dardos del Maligno en el poderoso nombre de Jesucristo y, sobre todo, alcanzar la verdadera libertad que solo Jesús nos puede proporcionar.

Por último, que las bendiciones se extiendan a cada uno de los hermanos en Cristo y a quienes decidan abrir las siguientes páginas de la modesta obra que escribo para honra y gloria de Dios Todopoderoso.

Introducción

El momento histórico que estamos transitando como humanidad es sin precedentes. Las señales del fin de los tiempos son innumerables, debido a que se cumple palabra por palabra lo mencionado en Mateo 24.[3]

Segundo a segundo, millones de almas deciden de forma voluntaria su destino eterno, por lo que me hallo escribiendo estas líneas en el momento crucial de un panorama mundial sacudido por el pecado y el alejamiento de Dios. Los dolores de parto[4] se intensifican y el primer sello[5] se encuentra a punto de ser abierto, con lo que se daría paso al Anticristo. Nos encontramos, sin lugar a duda, en el fin de los tiempos, donde la trayectoria

---

3 «Respondiendo Jesús, les dijo: Mirad que nadie os engañe. Porque vendrán muchos en mi nombre, diciendo: Yo soy el Cristo; y a muchos engañarán. Y oiréis de guerras y rumores de guerras; mirad que no os turbéis, porque es necesario que todo esto acontezca; pero aún no es el fin. Porque se levantará nación contra nación, y reino contra reino; y habrá pestes, y hambres, y terremotos en diferentes lugares. Y todo esto será principio de dolores. Entonces os entregarán a tribulación, y os matarán, y seréis aborrecidos de todas las gentes por causa de mi nombre. Muchos tropezarán entonces, y se entregarán unos a otros, y unos a otros se aborrecerán. Y muchos falsos profetas se levantarán, y engañarán a muchos; y por haberse multiplicado la maldad, el amor de muchos se enfriará. Mas el que persevere hasta el fin, este será salvo. Y será predicado este evangelio del reino en todo el mundo, para testimonio a todas las naciones; y entonces vendrá el fin» (Mateo 24:4-14).

4 «... y habrá pestes, y hambres, y terremotos en diferentes lugares. Y todo esto será principio de dolores» (Mateo 24:8).

5 El primer sello pertenece al rollo con siete sellos que serán abiertos antes del regreso de Jesús, donde comenzarán los juicios de Dios que se volverán peores y más devastadores al acercarse el fin de los tiempos. Los siete sellos se describen en el libro de las Revelaciones (Apocalipsis). En Apocalipsis 6:2, Juan describe al primer sello como: «un caballo blanco; y el que lo montaba tenía un arco; y le fue dada una corona, y salió venciendo, y para vencer». Representa el advenimiento del anticristo, el hombre de pecado, el hijo de perdición.

de la raza humana es sinónimo de la historia de una colosal guerra espiritual.

A lo largo de las siguientes páginas revelaré los resultados de mis investigaciones sobre el origen de la mano oculta que domina al mundo, tanto en el aspecto material y físico como mental y espiritual, buscando el punto de origen de esta red diabólica de engaños y mentiras que gobierna el mundo desde hace miles de años.

El título *Raza de víboras: el origen* es profundamente revelador en cuanto a lo que a continuación expondré, que remite al versículo donde Jesús dice: «¡Serpientes! ¡Raza de víboras! ¿Cómo van a escapar del castigo del infierno? (Mateo 23:33), versión Dios habla hoy.

En Reina Valera de 1960 leemos: «¡Serpientes, generación de víboras! ¿Cómo escaparéis de la condenación del infierno?» (Mateo 23:33).

Dependiendo de la versión, aparecen las palabras «raza» o «generación» para referirse a este grupo de víboras. Los sinónimos para generación son: procreación, engendramiento, reproducción, concepción, fecundación, producción, creación, formación, progenie y prole. Vemos como estos términos remiten a descendencia. Sin embargo, lo primero que pensamos cuando leemos estos versículos es que Jesús dijo esto de forma simbólica a los fariseos, lo que implicaría que Jesucristo estaría insultándolos de alguna manera. ¿Pero es en realidad posible que Jesús haya insultado a alguien alguna vez? Me temo que no. Dios hecho hombre no andaba por ahí insultando. Él no tenía pecados.

Por consiguiente, sus palabras no fueron un insulto ¿Podría acaso la expresión utilizada por Jesucristo referirse a una prole, descendencia, raza, generación puntual, tal cual una raza de víboras? ¿Es esto de verdad posible? ¿Pero qué es esta raza que no es humana? ¿De dónde proviene?

Víbora es sinónimo de *serpiente.* ¿Y quién es la serpiente? Es probable que ya sepas que me refiero a la serpiente del Edén, por ende, a Satanás, el enemigo de la humanidad (Ezequiel 28:18-19, Job 38:7, 2 Corintios 11:3).

En ocasiones, la Biblia alude a Satanás como serpiente y/o dragón, tal cual veremos a continuación. Los versículos son varios, pero solo daré como ejemplo tres de ellos.

> «Y fue lanzado fuera el gran dragón, la serpiente antigua, que se llama diablo y Satanás, el cual engaña al mundo entero; fue arrojado a la tierra y sus ángeles fueron arrojados con él» (Apocalipsis 12:9).
> «Y prendió al dragón, la serpiente antigua, que es el diablo y Satanás, y lo ató por mil años» (Apocalipsis 20:2).
> «En aquel día, Yahvé castigará con su espada dura, grande y fuerte al leviatán serpiente veloz, al leviatán serpiente tortuosa; y matará al dragón que está en el mar» (Isaías 27:1).

La bestia serpiente y dragón

En español, así como en la mayoría de las lenguas en la actualidad, se toma al dragón como un animal distinto a una serpiente, aunque con ciertas similitudes. Se suele definir al dragón como un animal con forma de reptil, fuerte y grande, con garras, alas y de extrema fiereza y voracidad. Además, los dragones son, por lo general, representados con piel escamosa de color rojo, verde o gris, y que escupen fuego por la boca. No obstante, esto no fue siempre así. Para los griegos, un dragón no era otra cosa que una serpiente con algunas diferencias. Por otra parte, en antiguas culturas, siempre han existido leyendas de enfrentamientos de héroes (humanos o semihumanos) contra dragones.[6] Es el caso de los caballeros medievales, quienes debían enfrentar y matar al dragón para rescatar a la doncella. Existen varios ejemplos, pero destacan la matanza de la serpiente Pitón a mano de Apolo o la batalla de San Jorge contra el dragón.

Por ende, hace por lo menos 3000 años, dragón era lo mismo que serpiente. Por extraño que parezca, en el griego existía un verbo relacionado con la palabra serpiente, que en español podría traducirse como 'mirar fijamente'. Sabemos que las serpientes no tienen párpados, lo que implica que llevan siempre los ojos abiertos y, por tanto, se puede decir que constantemente observan. Claro está que esto es un simbolismo de que el Maligno (la serpiente antigua) siempre está acechando, asediando, buscando a quien devorar, vigilando para ver cuándo puede

6 Esto es un simbolismo del enfrentamiento eterno entre las dos simientes. Más adelante lo veremos con mayor profundidad.

atacar, previa mucha observación hacia la potencial víctima. El Maligno no descansa, no duerme, no cierra los ojos, siempre está al acecho, buscando a quien devorar. De hecho, la mirada de una serpiente es una mirada penetrante, que casi podría hipnotizar. Veamos un ejemplo plasmado en una caricatura de Disney. ¿Recuerdas las palabras de la serpiente Kaa en la película *El libro de la selva*, mientras hipnotizaba al protagonista Mowgli? Kaa, hipnotizando a Mowgli y enrollándolo, le decía: «Por favor, ve a dormir. Duerme bien, pequeño hombrecito. Descansa en paz». Nada es casualidad.

La palabra dragón viene del griego antiguo *δράκων*, *drakon*, y significa 'serpiente gigante', por lo que los términos dragón y serpiente se hallan muy relacionados. El término dragón, además, representa a un monstruo horrendo, un devorador en forma de serpiente. En la Biblia, ambas expresiones son utilizados con frecuencia para referirse al Maligno, lo cual no podría ser más apropiado. Es una serpiente la que se menciona en Génesis, quien apareció para engañar a Eva en el Jardín del Edén, pero no era una serpiente cualquiera, sino una muy particular.

Sabemos que el Maligno es la gran mano espiritual oculta detrás de todas las calamidades y errores (horrores) que ha cometido la humanidad. Ahora bien, a lo largo de las siguientes páginas veremos cómo se origina y quiénes son la raza de víboras, la cual se conoce como linajes puros y está conformada por «la élite satánica de poder».[7] Esta raza ha ejecutado de manera encubierta las órdenes de Satanás y sus ángeles caídos desde los

7 También llamada globalistas, el cabal (cabalistas), los *Illuminati*, el estado profundo... En resumen: la raza de víboras.

albores de la humanidad. Estos híbridos no son completamente humanos y trabajan en conjunto con los integrados de linaje noble.[8]

Ambos híbridos e integrados de linaje noble visten impecables trajes de lujo durante el día, sin embargo, durante la noche utilizan atuendos y máscaras satánicas para sus macabros rituales privados, donde cometen las peores atrocidades. A la enorme mayoría de las personas se les hace totalmente imposible siquiera considerar la verdad de lo que ocurre delante de sus propias narices. Es mucho más difícil aceptar que nos han mentido desde siempre, entonces optan por permanecer dormidos. Es comprensible. ¿Quién desea enfrentarse a una verdad como la que leerá a continuación? ¿Quién desea encarar el hecho de que el mundo donde hemos nacido y vivido está dominado por seres demoniacos y sus descendientes? Solo Dios y Jesucristo nos han revelado la verdad: «Y conoceréis la verdad, y la verdad os hará libres» (Juan 8:32).

He dicho en anteriores párrafos que la información que a continuación expondré será, por momentos, muy difícil, penosa de digerir y, en ocasiones, (erróneamente) fantasiosa. Es posible

---

8 Los «integrados» son seres humanos cuyas almas han sufrido una fusión con una entidad demoníaca, como una posesión permanente, y cuya alma tiene su destino final comprometido. Son hombres que, de alguna forma o por algún motivo (dinero, poder, fama etc.), se vendieron a la élite (aunque el hecho de ser integrado no implica necesariamente estar al servicio de la élite) y entraron a esta red satánica para servir como esclavos. A través de rituales e invocaciones, han sufrido un proceso de transformación espiritual que los ha llevado a fusionarse con un demonio. Son, en su gran mayoría, sirvientes de la élite satánica y pueden ser fácilmente descartados cuando se transforman en estorbos o ya no son de utilidad para la agenda. Por su parte, los **integrados de linaje noble**, son aquellos que están emparentados con los híbridos y, por su condición genética, ocupan posiciones de poder y destaque.

que a medida que avances en la lectura de este texto, aparezca una que otra mueca de desagrado, con lo que podrías rechazar instantáneamente la lectura, mientras buscas asimilar la información y las conclusiones expuestas.

Por todo lo ya comentado, sugiero que este libro sea leído única y exclusivamente por cristianos maduros en la fe y listos para recibir información y conceptos inauditos, amargos de digerir y que van en contra de toda la programación a la que hemos sido sometidos desde siempre.

> «Pero el alimento sólido es para los que han alcanzado madurez, para los que, por el uso, tienen los sentidos ejercitados en el discernimiento del bien y del mal» (Hebreos 5:12).

En la trilogía anterior, hemos visto cómo la feroz batalla espiritual por las almas no se ha detenido jamás y para vencerla es fundamental conocer al detalle contra quiénes estamos batallando y cuáles son sus tácticas y engaños.

> «Porque no tenemos lucha contra sangre y carne, sino contra principados, contra potestades, contra los gobernadores de las tinieblas de este siglo, contra huestes espirituales de maldad en las regiones celestes» (Efesios 6:12).

Dado que para la gran mayoría de los seres humanos los demonios no son reales, no tienen cómo defenderse. Estas entidades demoniacas (espirituales) pertenecen a la cuarta dimensión, un rango de frecuencia fuera de nuestros cinco sentidos.[9] Han estado hibridándose para infiltrarse en cuerpos humanos, corrompiendo su ADN y creando una raza híbrida, tal como lo hicieron desde el comienzo. Pero ahora veremos cómo también la descendencia de Satanás juega un importante papel. Estos híbridos no son por completo humanos y, en ciertos momentos, dejan entrever algunos signos físicos de una transformación de rasgos reptiles, tales como la piel escamosa y la pupila del ojo en vertical. Estos híbridos son los linajes puros, la llamada sangre azul de reyes, emperadores, faraones y todos los que gobernaron a lo largo de estos miles de años en las distintas civilizaciones, tanto de Oriente como de Occidente. Es la semilla del Maligno, la cual junto con la descendencia de los nefilim conforman la raza de víboras.

Algo muy importante que debo aclarar es que no estoy refiriéndome a extraterrestres reptilianos como seres de otros planetas como tal. Aquellos que leyeron *Mensajeros del engaño: demonios en piel alienígena* saben que los extraterrestres, como seres inteligentes de otros planetas, no existen, sino que son

9 Estas entidades personales de naturaleza angélica son seres espirituales compuestos de energías que se encuentran en una frecuencia diferente a la nuestra. Simplificando muchísimo, serían como el AM y FM de la radio. A pesar de tener un cuerpo material, físico, los humanos también somos energía. Los ángeles caídos no pueden ser vistos por el ojo humano a simple vista, a menos que se vuelvan visibles (semimaterialización). Lo hacen en ciertos momentos, sobre todo cuando se ha abierto algún portal. El ojo humano puede ver solo una porción limitada del espectro electromagnético, por lo que la gran mayoría de estos fenómenos de manifestaciones preternaturales son invisibles para el hombre, pues se hallan en otra dimensión, fuera de nuestro espacio-tiempo. Cuando logran hacerse visibles, pueden adoptar cualquier tipo de forma; pero, ciertamente tal y como se presentan, no reflejan su verdadero aspecto. Han coexistido con nosotros durante miles de años e incluso han compartido el mismo espacio sin que lleguemos, en la mayor parte de nuestras vidas, sospechar siquiera que están allí. Sin embargo, allí estuvieron desde antes de la creación del ser humano.

los mismos demonios (ángeles caídos) que se hacen pasar por alienígenas. Cuando Jesús habló de «raza», se refirió a que son descendientes de otra especie (naturaleza angélica). El primer sinónimo de raza es «especie». La Biblia tan solo menciona dos especies inteligentes: los seres humanos y los ángeles.

A simple vista, no parece posible que criaturas espirituales puedan tener una descendencia física,[10] sin embargo, la palabra de Dios nos dice que sí en Génesis 6. La hibridación con la especie humana ha sido una obsesión permanente del diablo y los demonios, quienes la hicieron antes del diluvio, dando origen a los gigantes, y lo continuaron realizando después, aunque de diferentes formas y mucho menos directa. Al no tener más el permiso de Dios para materializarse, tuvieron que recurrir a otros medios para lograr lo que deseaban. Esa conexión que existe entre híbridos y los propios ángeles caídos (también con los integrados de linaje noble) es alimentada permanentemente por rituales satánicos, invocaciones y sacrificios, así como la ingesta de sangre y carne humana. Con los integrados sucede algo similar, no obstante, son humanos que se han fusionado con un demonio en mente y alma, de forma que el destino de sus almas se halla comprometido.

Para finalizar esta introducción, quisiera mencionar que el presente libro es un texto de demonología moderna[11] que

10 Ver *Mensajeros del engaño: demonios en piel alienígena* (pp. 94-95).

11 La **demonología clásica** abarca todos los conocimientos sobre ángeles caídos, plasmados a lo largo de los siglos anteriores, en textos de la materia, grimorios y manuales (quiénes son, cómo trabajan y sus actividades ordinarias y extraordinarias). Por el contrario, la **demonología moderna** incorpora nuevos temas en la materia, los cuales fueron surgiendo a medida que la actividad demoníaca se iba adaptando a los nuevos tiempos, con nuevas formas de presentarse ante los humanos y nuevas doctrinas que fueron surgiendo. Ejemplos

requiere algunos conocimientos previos plasmados en los tres volúmenes anteriores de mi autoría y, como tal, debe ser leído por cristianos verdaderos y maduros en la fe, con sólidos conocimientos en demonología, preparados mental y espiritualmente para recibir conceptos que pueden resultar, en primera instancia, fantasiosos. Con todo esto, podríamos pensar que entramos en alucinadas conspiraciones. Nada más alejado de la verdad.

Por cuarta vez consecutiva y gracias a la generosidad y misericordia de Dios, iluminemos las tinieblas con la lámpara del Espíritu Santo y el discernimiento que nos proporciona el Padre Celestial. Expongamos el origen de todos aquellos que conforman la élite satánica de poder, la «raza de víboras», a quienes Jesucristo se dirigió cuando dijo:

> «¡Serpientes, generación de víboras! ¿Cómo escaparéis de la condenación del infierno?» (Mateo 23:33).
> «Vosotros sois de vuestro padre el diablo y los deseos de vuestro padre queréis hacer. Él ha sido homicida desde el principio y no ha permanecido en la verdad porque no hay verdad en él. Cuando habla mentira, de suyo habla porque es mentiroso, y padre de mentira» (Juan 8:44).

---

de ello son el engaño extraterrestre, la gente sombra y los BEK (*black eyes kids*) así como gran parte del espiritismo y nuevo espiritismo, el *channeling* y la propia *new age*. También los elementales de la naturaleza que, aunque no constituyen un fenómeno moderno, tampoco se hallan en manuales clásicos. De igual manera podemos encontrar a los híbridos, los integrados y su plan de instaurar un gobierno mundial.

Sugiero te acomodes en tu lugar favorito de lectura y te dispongas a devorar el alimento/información/conocimiento que ha llegado a tus manos por voluntad de Dios.

Y recuerda: «Examinadlo todo; retened lo bueno» (1 Tesalonicenses 5:21).

Utiliza con discernimiento y sabiduría los conocimientos que encontrarás en las siguientes páginas, que sean de edificación, utilidad y poderosa herramienta en el feroz combate espiritual en el que todos estamos inmersos.

Oración de preparación para la lectura del libro

Dios Padre Todopoderoso, en el nombre de Jesucristo pido que me ilumines y me otorgues el entendimiento sobre la lectura que estoy a punto de iniciar. Pido que ilumines mi inteligencia, abras mis ojos y oídos para que comprenda lo que deseas transmitirme a través de este conocimiento que por tu voluntad ha llegado a mis manos.

Ayúdame a comprender lo que estoy a punto de aprender, Padre. Pido, con humildad que, al finalizarlo, entienda lo que me has querido enseñar y pueda edificar mi vida para aumentar mi sabiduría, discernimiento y, sobre todo, para alcanzar la santidad.

Dios Padre Todopoderoso, pido que me cubras con la poderosa sangre de Jesucristo, que me protejas de todo mal y que me permitas absorber y asimilar cada palabra del texto para poder utilizarla en la guerra espiritual contra el Maligno y sus secuaces.

Renuncio a Satanás y a todas sus huestes. Recibo el señorío y la protección de Jesucristo en mi vida. Entrego mi mente, cuerpo, alma y espíritu a Cristo Jesús y los sello y protejo con la sangre del cordero de Dios.

En definitiva, me pongo toda la armadura de Dios: el yelmo de la salvación que protege mi mente. La coraza de justicia que permite que mi corazón sea siempre puro y limpio. El cinturón de la verdad que cubre mis lomos contra los dardos del enemigo. Mis pies calzados con el apresto del Evangelio de Jesucristo que me otorga la capacidad de ganar almas para el Señor Jesús. Tomo la espada del Espíritu para atacar al enemigo cuando sea necesario. En la otra mano, llevo el escudo de la fe para defenderme de los ataques del Maligno y sus huestes.

Me siento preparado/a para ser un/a guerrero/a de Dios y combatir al enemigo con más fuerza que nunca.

¡Que salga a la luz toda la verdad sobre las artimañas del Maligno y sus secuaces, exponiendo todas sus trampas y engaños y comprendiendo la trama oculta detrás de la élite satánica de poder, los híbridos, los integrados y el diabólico plan para la instauración de su tiránico gobierno mundial! Para que no seamos ignorantes ante sus planes, para no perecer por falta de conocimiento (Oseas 4:6) y «para que Satanás no gane ventaja alguna sobre nosotros, pues no ignoremos sus maquinaciones» (2 Corintios 2:11).

¡Gracias, Padre Todopoderoso, por permitir que la luz de la verdad ilumine la oscuridad!

En el poderoso nombre de Jesús, amén.

Primera parte

Imperio reptil

«Y fue arrojado el gran dragón, la serpiente antigua que se llama el diablo y Satanás, quien engaña al mundo entero; fue arrojado a la tierra y sus ángeles fueron arrojados junto con él».
Apocalipsis 12:9

Serpiente astuta, serpiente antigua y gran dragón

Para saber de dónde surgen los linajes híbridos pertenecientes a la élite satánica, debemos volver al Génesis.[12] Allí se encuentra la clave porque, para comprender el presente, debemos volver al pasado, cuando todo comenzó. Apocalipsis 12:9 indica que luego de la rebelión en los cielos, Satanás y sus demonios fueron arrojados a la tierra: «Y fue lanzado fuera el gran dragón, la serpiente antigua, que se llama diablo y Satanás, quien engaña al mundo entero; fue arrojado a la tierra y sus ángeles fueron arrojados junto con él». En dicho versículo se le menciona como el gran dragón, aunque también como la serpiente antigua, término que identificamos rápidamente con la serpiente del huerto del Edén.[13]

Los ángeles caídos constituyen los grandes enemigos de la humanidad, debido a que han procurado esclavizar y alejar incansablemente a la humanidad de Dios, primero, rompiendo el vínculo de unión con el Creador y, luego, evitando que los hombres encuentren en Jesucristo el camino para volver a Dios. Lucifer y su rebelión provocaron la caída de un tercio de los ángeles que se habían deformado a nivel espiritual, hasta el punto de que fueron expulsados del cielo por el arcángel Miguel.[14] Ellos

12 Significa 'origen' o 'inicio de algo'. Etimológicamente, proviene del latín *genĕsis* y este, a su vez, del griego *γένεσις* (*génesis*), que significa 'origen' o 'principio'.

13 Sabemos que la ubicación geográfica del Edén se encontraba entre los ríos Tigris y Éufrates, en algún lugar de esos valles. Sin embargo, luego de sucedido el diluvio universal, esta geografía pudo haberse visto alterada, pues la tierra fue cubierta de agua en su totalidad, incluso las cimas de las montañas más altas. Por consiguiente, no podríamos precisar con total exactitud y al cien por ciento la ubicación exacta y real del Edén.

14 Ver *Luz en la oscuridad: demonología moderna* (pp. 89-96).

cayeron a la tierra en un pasado remoto, pero están aquí y ahora, desde el comienzo de los tiempos. Por lo tanto, desde un inicio existió la interacción de los hombres con los demonios en las civilizaciones antiguas, incluso mucho antes del diluvio y, luego, reiniciando con Sumeria donde, haciéndose pasar por «dioses», pedían rituales y sacrificios a cambio de proporcionar, a aquellos que abrían dichos portales, conocimiento, prosperidad y tecnología; herramientas a su vez utilizadas por la élite satánica para obtener más riquezas, más control y más poder sobre el resto de la humanidad. Pero los invito a retroceder aún más atrás en el tiempo, hasta el momento exacto de la caída de la humanidad, ese instante clave que marcó un antes y un después en toda esta historia. ¡Veamos!

En Génesis 3:1 leemos: «Pero la **serpiente era astuta**, más que todos los animales del campo, que Yahvé Dios había hecho; la cual dijo a la mujer: "¿Conque Dios os ha dicho: `¿No comáis de todo árbol del huerto?´"».

En Apocalipsis 12:9 leemos: «Y fue lanzado fuera el gran dragón, la **serpiente antigua,** que se llama diablo y Satanás, quien engaña al mundo entero; fue arrojado a la tierra y sus ángeles fueron arrojados junto con él».

De los versículos anteriores se desprende que en Génesis 3:1 aparece una serpiente astuta y en Apocalipsis 12:9 una serpiente antigua. ¿Pero por qué esto es importante y qué es lo que de verdad significan ambas expresiones? Nos remite a la idea de que la serpiente joven del Génesis adquirió mucho más experiencia, madurez y astucia en su maldad a medida que fue observando a los seres humanos a lo largo de los milenios y descubriendo sus debilidades. En Apocalipsis vemos cómo su astucia llegó al clímax de su maldad, volviéndose la serpiente antigua y, después, el gran dragón. Por eso se produce esa fusión o unión entre las palabras «diablo y Satanás». Más adelante, se agregó calumniador, difamador, acusador, adversario, enemigo, padre de mentira, asesino, desde el principio, y, por supuesto, engañador de la humanidad.

Finalmente, en Apocalipsis 20:2 leemos: «Prendió al dragón, la serpiente antigua, quien es el diablo y Satanás, y lo ató por mil años». Nótese la metamorfosis de vocablos para designar al Maligno: primero, la serpiente astuta se vuelve serpiente antigua y, por último, se volvió dragón. De serpiente a dragón (*draco*). La palabra *dragón* indica la estatura máxima que puede llegar una serpiente. Esto significa que el Maligno no solo se había deformado espiritualmente hasta transformarse en un monstruo, sino que también, con el paso del tiempo (material) y su interacción con esta dimensión, había adquirido experiencia, astucia, inteligencia y sabiduría al servicio del mal.

Serpiente seductora

Hemos visto cómo Génesis 3 indica que Eva fue engañada y seducida por la serpiente astuta. ¿Pero en qué sentido fue seducida? Lo veremos más adelante y será sorprendente. Recordemos que 2 Corintios 11:3 comenta: «Pero temo que como la serpiente con su astucia engañó a Eva, vuestros sentidos sean de alguna manera extraviados de la sincera fidelidad a Cristo». Se nos dice que la serpiente extravió a Eva de la fidelidad y tuvo perdidos sus sentidos, es decir, el engaño entró por sus sentidos naturales y espirituales.

En Génesis 3:1, la serpiente, como animal natural, era astuta, más que todos los animales del campo que Yahvé había hecho. No obstante, sabemos que las serpientes comunes no hablan ni caminan erguidas, por lo que la serpiente del Edén NO era una serpiente normal, sino que era Satanás adoptando ese aspecto físico de serpiente estilo humanoide. Aunque, ¿es realmente posible que Eva entablara conversación con un ser tan extraño y diferente a ella, con aspecto de víbora y piel escamosa; y que, encima, caminara en dos patas y hablara? ¿O quizá la Biblia menciona a la serpiente para designar al Maligno, pero este podía haber adoptado algún otro aspecto menos repugnante para seducir a Eva? Mas adelante lo veremos con calma.

Comencemos echando un vistazo a cómo las serpientes y los dragones han tenido una fuerte presencia en todas las culturas de la historia de la humanidad, donde han cumplido un papel central.

Serpientes y dragones

En antiguas culturas paganas, las historias y leyendas de divinidades serpientes (dragones en Oriente) eran temas recurrentes, donde reyes y emperadores reclamaban su derecho a gobernar sobre los demás por ser descendientes de los «dioses serpiente», los cuales sabemos que son los ángeles caídos. Desde la primera civilización posdiluviana, conocida como Sumeria[15] (actual Iraq), ubicada a menos de 700 km en línea recta de las laderas del monte Hermón,[16] fue el lugar exacto donde descendieron los vigilantes para hibridarse con las humanas, según el Libro 1 de Enoc.[17]

---

15 Sumeria significa 'la tierra de los vigilantes' o 'la tierra de los brillantes'.

16 El **monte Hermón** es el más alto de un conjunto de montañas con tres cumbres que sirven como frontera entre Israel (Altos de Golán), Líbano y Siria. Es famoso por su gran belleza, historias y leyendas de dioses (demonios) que lo habitaban. Además de ser un poderoso portal por su estratégica ubicación geográfica y energética, en sus laderas se encuentran restos de antiguos templos, uno de ellos dedicado a la deidad demonio Baal.

17 Este libro era conocido por los apóstoles de Jesús y el cual Judas cita (Judas 1:14-15). El Libro de Enoc da detalles sobre lo sucedido entre los ángeles caídos y las humanas antes del diluvio, relatando que estos, además de procrear

En todas las culturas antiguas, la (raza) serpiente y (raza) el dragón, que dan conocimiento a la raza humana, ocupan un lugar de destaque en sus historias, leyendas y religiones. Si por un lado tenían a las serpientes por seres celestiales, deidades, con poderes creativos y sanadores, por otra parte, las relacionaban con el inframundo, la oscuridad, las tinieblas, el mal y lo destructivo. Las serpientes también fueron las responsables de proporcionar el conocimiento prohibido y la iluminación, aunque también están asociadas a lo sexual y a la fertilidad, en parte, porque se consideraba que, de manera simbólica, eran equiparables al órgano sexual masculino, al falo (como sucede con el obelisco masónico) y, además, por lo sucedido en el Edén.

Por lo general, la serpiente era el símbolo de la fertilidad, del conocimiento y la iluminación, pero también de la sabiduría, la resurrección, el renacimiento y la transformación. Esto era debido a la muda, el proceso natural de las serpientes, el cambio estacional que producía el cambio de piel. El símbolo uróboros,[18]

---

con las mujeres humanas y dar origen a una raza hibrida de gigantes, enseñaron a la humanidad astronomía, astrología, fabricación de armas, entre otros conocimientos. También señala que estos ángeles descendieron en el monte Hermón, ubicado al suroeste de Damasco y noreste de Cesárea de Filipo. Además, el libro de Jubileos narra que los ángeles rebeldes descendieron en los días de Jared y que, por esto, su padre le dio ese nombre, el cual tiene el significado de 'descendiente' y origen en la palabra hebrea 'descender'. Luego del diluvio, el monte Hermón continuó siendo un lugar importante y elegido por los ángeles caídos y sus hijos híbridos, entre otras cosas ya que se ubica en el paralelo 33, lo que lo convierte es un poderoso portal interdimensional. Algunos investigadores sostienen que, desde ese momento, el monte Hermón ha servido de lugar para rituales satánicos e invocaciones.

18 La antigüedad del símbolo del uróboros se ha rastreado hasta tres mil años atrás en la historia humana. Un mito relacionado es el de Sísifo, personaje de la mitología griega condenado al inframundo, cuyo castigo consistía en empujar una roca cuesta arriba, hasta la cima de una montaña: cuando ya estaba a punto de llegar a la cima, la piedra rodaba nuevamente hasta el pie de la montaña, obligando a

que muestra a una serpiente o dragón devorando su propia cola en forma de círculo, representa dicho proceso y simboliza esa resurrección, eternidad y renovación constante. En el islam y en algunos textos judíos, la serpiente representaba el deseo sexual. Del mismo modo, en el hinduismo, la kundalini[19] es una serpiente enroscada que, de manera metafórica, reposa en la base de la columna vertebral del cuerpo humano, simbolizando el poder residual del deseo puro y la pasión sexual. El despertar de la kundalini tiene por objetivo real abrir un portal energético dentro del propio cuerpo humano, por lo que dicha práctica no solo es peligrosa, sino que también es demoniaca.

Muchas culturas mencionaban algunas serpientes voladoras e imponentes dragones que escupían fuego. Reyes de varias civilizaciones afirmaban que sus antepasados antediluvianos eran producto de hibridación entre dioses y humanos. En varias culturas de Occidente, estos dioses eran representados con aspecto de reptiles, en especial las serpientes y los seres reptiloides que caminaban erguidos y presentaban características semihumanas. También hablaban de los *dracos*, quienes poseían alas y

---

Sísifo a recomenzar todo una y otra vez, durante toda la eternidad. El uróboros también era utilizado por antiguos alquimistas para representar sus búsquedas de la eternidad como, por ejemplo, sus ansias de hallar la piedra filosofal.

19 Algunas prácticas de manipulación de energía dentro de la *new age* es la kundalini, donde se abren canales energéticos o vías de entrada para dar permiso e influenciar, entre otras cosas, demoníacamente a aquel que lo practica; o para que un íncubo o súcubo se presente como cónyuge espiritual. Lo llaman «el despertar de la kundalini», donde se activa un flujo de energía, similar a una serpiente llameante, que comienza desde el chacra básico, en la base de la columna vertebral (cóccix), y se eleva hacia la médula espinal, pasando por los puntos energéticos fundamentales. Muchas personas que la han practicado han sufrido grandes problemas de salud como la fibromialgia, entre otros.

cuernos. De hecho, a los reyes de linajes reptilianos se les conocía como «reyes dragones».

La simbología de la serpiente y su relación con los antiguos dioses demonios abundan en varias partes del planeta y en diferentes civilizaciones. Podríamos citar varios ejemplos, como las culturas de Centroamérica, indios hopi, culturas nativas americanas, los nagas en la India, los egipcios, los *chitauri* en África, entre otros. El tema de las serpientes en Occidente y el de los dragones en Oriente es una constante que siempre simboliza la sabiduría y el conocimiento en el mundo antiguo. Muchas construcciones ancestrales se encuentran alineadas con la constelación de *draco* (dragón),[20] orientadas hacia algunos planetas y estrellas, además de dar seguimiento al sol. ¿Alguien puede pensar que esto es apenas una inocente coincidencia?

En su libro *Hijos de Matrix,* David Icke[21] menciona al chaman zulú Credo Mutwa, quien afirma que los *chitauri*[22] poseen un tercer ojo entre los otros dos, el cual podía abrirse de lado a lado y se le conocía en la tradición africana como «el ojo ardiente». En una entrevista que Credo Mutwa concedió a Icke, dijo que cuando estas criaturas, que llamaron *chitauri,* llegaron

20 El nombre *draco* deriva del término latino *draconem* que significa 'serpiente enorme'. Esta constelación literalmente serpentea a través del cielo del norte. Según la fuente grecorromana, Draco fue uno de los gigantes que lucharon contra los dioses olímpicos durante diez años. Durante la batalla, fue asesinado por la diosa Minerva, quien lo arrojó al cielo. En el proceso, el cuerpo de Draco se torció y se congeló en el polo norte celestial, antes de que pudiera enderezarse.

21 A simple vista, podría parecer que muchas cosas mencionadas en este libro son comunes con la doctrina del famoso escritor *new age* y opuesto al cristianismo, David Icke, pero las similitudes superficiales culminan allí mismo: en lo superficial. De hecho, en lo único que estamos de acuerdo es que existen seres no humanos (no necesariamente extraterrestres) que manipulan y controlan el mundo, queriendo imponer un plan de dominación mundial.

22 Nombre por el cual son conocidos los reptilianos en África.

desde las estrellas; los humanos comenzaron a dividirse y a tener extraños sentimientos, tales como sentirse inseguros, y comenzaron a construir aldeas con fuertes cercas de madera. Así fueron surgiendo las tribus y las fronteras entre territorios, las cuales eran defendidas hasta la muerte, dando comienzo a las guerras, la codicia y la ambición humana. Mutwa relató cómo a los *chitauri* les gustaba poner a los humanos unos contra otros, haciéndolos esclavos sin que los hombres se percataran. ¿No es acaso lo que sucede hasta el día de hoy? Además, estos seres se alimentan de la energía que los humanos les brindan.

Ellos son los que se encuentran detrás de las disputas entre grupos, infundiendo el miedo y el terror. Cuando una gran masa de personas está enojada o temerosa, ellos se alimentan de esa energía oscura.

Según Mutwa, los descendientes de los *chitauri*, aparte de manipular y controlar a los humanos, utilizan a otros seres como sus siervos, es decir, son perfectamente capaces de causar dolor físico y trauma emocional en sus víctimas humanas. Por ejemplo, los conocidos «extraterrestres grises»[23] serían los lacayos y sirvientes de los *chitauri* (reptilianos). Estas criaturas grises de baja estatura, cabeza grande, brazos y piernas largos con delgados y grandes ojos almendrados de un color negro azabache son llamados «mandinga», cuyo término se traduce como 'los atormentadores', 'los torturadores'.

Un detalle importante indicado por Mutwa es sobre el tercer ojo que poseen los *chitauri*, el cual se ubica entre los otros

23 En *Mensajeros del engaño: demonios en piel alienígena*, menciono la posibilidad de que tales seres hubieran sido creados por manipulación genética por los mismos ángeles caídos, siendo entonces criaturas hibridas sin alma (pp. 97-98).

dos ojos y del cual podía salir un rayo de color rojo intenso, similar al fuego, pero estilo láser, para tumbar a una persona y paralizarla. En dicho libro se especifica que este sería el origen del mal de ojo.[24]

Por consiguiente, en todas las antiguas civilizaciones, las mismas historias de dioses serpientes/dragones se repiten una y otra vez. Esos mismos dioses serpientes (demonios) eran las deidades adoradas que se les rendía culto y sacrificios.[25]

La mitología hindú está repleta de deidades reptiles (demonios) que, hasta el día de hoy, se les rinde culto. Son dioses serpientes y dragones voladores que, según su cultura, trajeron el conocimiento a la humanidad y batallaron unos contra otros en los cielos. Estas criaturas eran llamadas los nagas,[26] quienes habrían engendrado a los linajes de familias reales (emperadores chinos y japoneses), cuyo aspecto era una mezcla entre serpiente, dragón y humano.

---

24 El «mal de ojo» es un tipo de maldición que existe y es real. Sin embargo, el poder de entrenar una mirada para hacer daño es único de aquellos con conocimientos ancestrales en brujería y no siempre logran su cometido: como siempre, Dios debe permitirlo. Por otro lado, existe también el concepto del «mal de ojo popular», más relacionado a la superstición que otra cosa. Es la antigua creencia de que cualquier persona que envidie a otra, o que le desee el mal, puede provocarle daño solo con la mirada, como enfermedades, desgracias o incluso la muerte. Casi todas las civilizaciones en la antigüedad poseían esta creencia. Para protegerse, utilizaban tradicionalmente amuletos de protección como la figa, la cinta roja, el ojo turco, la mano de Fátima, el ojo de Horus, etc. Estos pueblos paganos solían pensar que tales amuletos funcionaban como una especie de escudo contra el mal. Nada más alejado de la realidad sino pura superstición. Para más información, ver *Luz en la oscuridad: demonología moderna* (pp. 166-172).

25 Uno de los dioses serpiente más popular fue la serpiente Apep (Apofis en griego), en Egipto, la cual simbolizaba a las fuerzas del mal, la encarnación del caos y la insurrección armada. Su leyenda habría surgido alrededor del 1500 a. C.

26 En el hinduismo, los nagas eran considerados seres híbridos al ser una mezcla entre dioses y humanos.

Vale la pena detenernos un poco en estos misteriosos nagas, porque son de los más interesantes que he podido hallar en las leyendas hindúes. El término *naga* proviene del sánscrito *Nag-* es la palabra que denota el significado de 'serpiente', en especial, el de la cobra.

Eran también llamados como «la gente serpiente» y se afirma que vivían en ciudades subterráneas, conocidas como Patala y Bhogavati, cuyas entradas se hallaban escondidas e imposibles de encontrar.

Las leyendas afirmaban que estas criaturas fueron llamadas como las serpientes de la sabiduría. A su vez, eran bienvenidas por los indígenas y, tiempo después, adoradas como «profetas de la serpiente». Además, estas criaturas sobresalían por sus habilidades extraordinarias de extrema inteligencia, astucia y la capacidad de adoptar la forma humana o reptil a voluntad. Aun en la actualidad existe una creencia fuerte en la India, donde hay una entrada de los nagas al mundo subterráneo, cerca del pozo de Sheshna en Benares, y que afirman que lleva hacia Patala.

Según el herpetólogo,[27] médico, toxicólogo y autor Sherman A. Minton (1919-1999), en su libro *Reptiles Venenosos*, afirma que esta entrada es real y que para llegar a ella se debe atravesar una puerta de piedra cerrada y cubierta de bajorrelieves de cobras.

Por su parte, en el Tíbet existe un santuario místico también llamado Patala, donde sus habitantes afirman que se ubica justo encima de un antiguo y gigantesco sistema de cavernas y túneles

---

27 Es la rama de la zoología que estudia a los anfibios y los reptiles. Es, en definitiva, el estudio de los tetrápodos (animales de cuatro extremidades) ectotérmicos (de sangre fría).

con extensión por todo el continente asiático. Esto es, en parte, porque los nagas están asociados con el agua y por eso se dice que las entradas secretas a sus reinos subterráneos se hallan en el fondo de los pozos, lagos profundos y ríos. Esta información no ha de extrañarnos, en vista de que sabemos que existen entidades demoniacas (y, por ende, sus descendientes híbridos) relacionados con planetas, el sol, la luna y los elementos de la naturaleza, en este caso, el agua. Aunque están vinculados con este elemento, poseían la capacidad de volar para recorrer largas distancias por los cielos.

Según la población local, los nagas jamás se mostraron a los forasteros y, además, se les vincula con rakshasas, una especie de demonios hindúes.

China y la diosa serpiente

La llamada diosa serpiente o reina madre está presente en todas las culturas. China también identifica a sus «dioses» con razas serpiente y dragón. Símbolo del emperador, a diferencia del dragón occidental, en Oriente representa la buena fortuna y la llegada de las lluvias que traen excelentes cosechas. Es, de igual forma, la representación del *yang* que equilibra al *yin* (los polos opuestos). Este dualismo será crucial para las culturas paganas y la élite satánica, quien utilizará entre sus símbolos, además del *yin yang*, el piso cuadriculado del ajedrez para su representación.

En efecto, la milenaria historia china asume que los humanos fueron el resultado de la creación de la diosa Nügua, diosa madre de la mitología china; hermana y esposa de Fuxi, el dios emperador. Nügua es un personaje mitológico conocido por crear y reproducir personas después de una gran calamidad. Estudiosos sugieren que fue la primera deidad china con capacidad «creadora», apropiada para la antigua sociedad matriarcal[28] de ese país, en la que el parto fue visto como un acontecimiento milagroso y donde no se requería la participación del varón. A menudo, en el arte antiguo, Nügua se representa con cuerpo de serpiente y cabeza humana. Según el mito, fue ella quien formó a los primeros seres humanos de arcilla amarilla,[29] luego se cansó, sumergió una cuerda en el barro y la hizo girar. Las manchas de barro que caían de la cuerda se convirtieron en gente común, mientras que las artesanales se convirtieron en la nobleza.

Por consiguiente, la serpiente dragón era considerado el más sagrado de los animales y emblema imperial de los emperadores chinos. En definitiva, y tal como sabemos, el dragón es sinónimo del propio pueblo chino. Antiquísimos textos chinos relatan cómo dragones y humanos convivieron durante cierto tiempo, mezclándose entre ellos y dando origen a la descendencia real de los emperadores. Por ello, los primeros emperadores chinos tenían rostro con rasgos de dragón. De hecho, la cultura china, en su totalidad, gira alrededor de la figura del dragón.

Líneas del dragón que recorren el planeta

En China, las líneas ley[30] también reciben el nombre de «líneas dragón» porque los híbridos se habrían encargado de construir

28 Nótese el concepto de sociedad matriarcal, en oposición a la idea patriarcal descrita en la Biblia.

29 Véase la idea de Diosa Madre Creadora, en oposición al Dios Padre Creador de la Biblia. El origen de Madre Tierra y Madre Naturaleza tiene raíces milenarias, precisamente en Oriente y más específicamente en la nación del dragón.

30 Líneas energéticas que recorren el planeta (tierra, agua y aire) como si fueran venas, por donde fluye corriente electromagnética. Al punto exacto donde se cruzan varias de ellas se le llama vórtice energético, importante para la apertura de portales interdimensionales y el contacto con ángeles caídos en la otra dimensión.

sus templos y estructuras justo en los principales cruces energéticos de las mismas para absorber el poder y la energía que emana de dichos cruces y, a su vez, para utilizarlas como puertas o portales de entrada y salida a la otra dimensión. Son líneas (imaginarias) magnéticas que recorren el planeta Tierra y donde la energía se canaliza de una forma muy potente, convirtiendo esos lugares en centros ideales para abominables prácticas ritualistas y para abrir portales interdimensionales.

Antiguas civilizaciones paganas construían en esos lugares clave sus monumentos sagrados, sitios astronómicos y/o religiosos, donde realizaban rituales mágicos. Un clásico ejemplo es Stonehenge. Los druidas[31] denominaban «wyvern» a la energía que pertenece a la tierra. Afirmaban que tenía forma de serpiente y se movía por la tierra de forma similar a una corriente terrestre y energética que se mueve debajo de la tierra, o incluso a través del mar.

Estas líneas energéticas, además, son llamadas líneas de luz, pues son campos magnéticos que se mueven por la tierra, el agua y el aire. Tal como he mencionado con anterioridad, dichas alineaciones de energía se cruzan en vórtices magnéticos, que han servido como lugares sagrados para antiguas civilizaciones (y para la élite satánica desde siempre, incluso hasta la actualidad), como los círculos de piedra o monumentos megalíticos, iglesias o

31 Sacerdotes celtas. El druidismo era un culto basado en el animismo, cuyos altares se encontraban en el interior de grutas y bosques, y tenían al roble como árbol sagrado. Se decía que estos sacerdotes tenían «poderes mágicos» como aparecerse en forma de animal, predecir el futuro y volverse invisibles. Se los tenía por extremadamente sabios, portadores de conocimientos más allá de lo humano. Eran muy temidos por los habitantes de los pueblos y realizaban sacrificios humanos, preferentemente de niños y jóvenes vírgenes.

cementerios que habrían sido construidos con propósitos ritualistas y religiosos de culto e invocación para sus dioses (demonios).

Desde tiempos ancestrales, la cartografía de estas líneas fue y son utilizadas por sectas, esoterismo, ocultismo, brujería, ufología, *new age*, entre otros. Los druidas creían que esta energía se deslizaba, cual serpiente, a través del suelo, como las corrientes telúricas. Un ejemplo concreto es la catedral de Chartres, levantada sobre un antiguo bosque sagrado de los celtas galos (Bosque de los Carnutes). Asimismo, pensaban que esas energías cruzaban los cielos y el interior de la tierra, tal cual cauces energéticos que en lugares concretos favorecían la acción de las corrientes telúricas del subsuelo, creando sitios privilegiados que los druidas marcaban con dólmenes[32] o menhires. Estas construcciones, a su vez, se fueron transformando en lugares sagrados para ser centros de rituales y ceremoniales donde realizaban danzas, invocaciones, rituales y sacrificios. Todo esto tenía como finalidad el aprovechamiento de esa energía que facilitaba recibir de la madre naturaleza los beneficios físicos y espirituales que buscaban.

Reptiles metamórficos

Japón y sus emperadores también afirmaban que descendían de esos mismos reyes dragones. Ambas culturas, china y japonesa, se encuentran repletas de historias de serpientes y dragones que se mezclaron con humanos pero, sobre todo, ambas tienen a la figura del dragón como máxima deidad. En el continente americano sucede algo similar con relación a los dioses serpientes,

32 En lengua celtica, *dolmen* significa 'mesa grande de piedra'. Los dólmenes son construcciones megalíticas de losa clavadas en tierra verticalmente junto a otras, en posición horizontal, que forman una especie de cámara.

donde los relatos de dioses del cielo que bajaron de las estrellas para mezclarse con las mujeres es algo que se repite sin descanso.

Hemos visto cómo existen algunas diferencias entre Occidente y Oriente con relación a este tema. Mientras en la tradición europea el dragón suele respirar fuego y simboliza el caos y el mal, en el este de Asia suele ser un símbolo benéfico de fertilidad, asociado con el agua y los cielos. El uso simbólico de dragones y serpientes significaba que las naciones paganas adoraban y sacrificaban a los ídolos (demonios). Esas naciones paganas e idólatras fueron siempre los enemigos de Dios y su pueblo (Israel) en el Antiguo Testamento. De hecho, fue el judaísmo y, posteriormente, el cristianismo las dos religiones que identificaron la figura de la serpiente como responsable de la caída de la humanidad en el Edén y, por ende, como símbolo de Satanás, el enemigo de la humanidad.

Según la mitología griega, la diosa Hera, esposa de Zeus, poseía un maravilloso jardín, conocido como el Jardín de las Hespérides,[33] que contaba con flores y árboles espléndidos. Este lugar fue ubicado por los griegos en las islas Canarias, un sitio misterioso del cual los navegantes decían que poseía una naturaleza asombrosa. Según la leyenda griega, el Jardín de las Hespérides tenía un árbol mágico cuyos frutos otorgaban la inmortalidad. Este árbol era custodiado por Ladón, un terrorífico dragón de cien cabezas. Todo aquel que se aventuraba en busca de los preciados frutos, sucumbía ante las fauces de Ladón.

---

33 La mitología griega menciona un bello jardín-huerto, propiedad de la diosa Hera, en algún lugar de occidente. Este jardín tenía un árbol de manzanas de oro que, supuestamente, proporcionaba la inmortalidad.

Fue Hércules quien, tras una dura batalla, derrotó a la bestia y se hizo con los frutos de la inmortalidad.

En relatos orales hebreos, a los nefilim[34] se les llamaba *Awwim*, que significa 'serpientes'. Algunos estudiosos afirman que la serpiente del Edén caminaba erguida y hablaba con un estilo reptiliano humanoide.

El Hagadá,[35] un antiquísimo libro hebreo de tradiciones orales, menciona a la serpiente como una criatura de dos piernas que, al estar erguida, era tan alta como un camello. El apócrifo «Apocalipsis de Abraham» dice que la serpiente que engañó a Eva poseía cuerpo humanoide con manos, pies y alas al estilo *draco*.[36] El Talmud judío prohíbe la representación del dragón, así como la del sol y la luna (ambos símbolos de demonios dios sol y diosa luna) en culturas paganas y de la idolatría a la creación en lugar del Creador.

Los Manuscritos del Mar Muerto hebreo refieren a una descripción de una criatura llamada Belial,[37] al que llaman «príncipe

---

34 Híbridos gigantes nacidos de la unión entre ángeles caídos y humanas. Ver *Luz en la oscuridad demonología moderna* y *Mensajeros del engaño: demonios en piel alienígena*.

35 Hagadá se refiere a un conjunto de narraciones de la tradición oral hebrea y textos literarios hebreos de naturaleza no legalista, provenientes de debates y escritos rabínicos, entre los que se incluyen cuentos, leyendas, parábolas y otras tantas narraciones que pueden hacer referencia a la historia o la astronomía.

36 La palabra latina *draco* viene del griego *drakôn* ('serpiente', 'dragón') de donde también aparecen Drácula, dragón y draconianos. En este contexto, me refiero a los llamados extraterrestres *dracos*, los cuales serían de rango más elevado que los propios reptilianos, aunque sabemos que estas criaturas que simulan ser extraterrestres son los mismos ángeles caídos.

37 Demonio de alta jerarquía relacionado con el elemento tierra. Su nombre aparece en los Manuscritos del Mar Muerto, específicamente en la guerra de los hijos de la luz contra los hijos de las tinieblas, donde se relata un enfrentamiento entre el bien y el mal donde los hijos de las tinieblas llevan por líder a Belial. Se le considera el demonio de la sodomía, adorado antiguamente por los sidonianos. Fue adorado en Sodoma y otras poblaciones, aunque ninguna se atrevió a erigirle altares.

de las tinieblas y rey del mal». Se le describe con apariencia y rostro similar a una serpiente. Por tanto, otro relato universal y, por ende, común a todas las culturas es la creencia en la serpiente (estilo reptil que caminaba erguida), que otorgaba el conocimiento del bien y del mal a la humanidad. Incluso, estos supuestos «dioses serpientes y dragones» poseían «poderes» y habilidades tales como adoptar cualquier forma y aspecto, dato que no sorprende sabida la habilidad de los demonios para adoptar la forma que prefieran. Por último, la mezcla entre esos dioses y los humanos es también otro relato universal.

Sabemos que en el Jardín del Edén, a Satanás se la asocia con la serpiente (estilo reptiloide y erguida), sin embargo, según las palabras de Eva, este se habría presentado con aspecto «apetitoso y deseable», por lo que las probabilidades de que Satanás se haya presentado, de manera literal, como una serpiente erguida son bastante escasas. No significa que Satanás no tuviera aspecto de reptiloide, ¿pero no sería acaso más astuto adoptar algún otro aspecto más agradable a los ojos de Eva que un reptiliano escamoso caminando erguido? Más adelante, retomaremos este tema.

Recordemos que, al ser seres espirituales de naturaleza angélica, tienen muchas habilidades, entre ellas la de ser metamórficos, esto es, poseen la capacidad de materializarse de diferentes e infinitas formas. Los linajes reales, que son híbridos y descendientes de ángeles caídos, también son de cierta forma reptilianos, por tanto, podrían perfectamente haber heredado la capacidad de parecer humanos, pero sin serlo por completo. Sabemos que ellos han estado controlando el planeta desde hace miles de años a través del sistema (el mundo), con seducciones, trampas y engaños, tal como lo hacen los demonios. Estos híbridos no son humanos al 100 %. Su verdadero aspecto sería escamoso de color verde o grisáceo, de altura considerable, sangre fría y nada empáticos. Han estado y están entre nosotros desde hace miles de años, sin embargo, no se presentan tal como son, sino que su apariencia a simple vista parece ser la de un humano más. Aclaro que no son extraterrestres, como seres inteligentes de otros planetas, sino que son seres espirituales interdimensionales, los ángeles rebeldes que fueron expulsados de la presencia de Dios.

En *Mensajeros del engaño: demonios en piel alienígena*, mencionaba el último gran engaño a la humanidad y cómo los seres que afirman ser extraterrestres son, en realidad, ángeles caídos. Es posible que estos «reptilianos» sean, en realidad, los híbridos más cercanos a los ángeles caídos, por ende, de linaje más puro y más poderosos en su conexión con los demonios.

Dracos y reptilianos: dos descendencias satánicas

¿Estarían los *draco*, de los cuales han afirmado varios testigos ser criaturas de rango superior con respecto a los reptilianos, relacionados con la descendencia de Satanás? ¿Pero existe alguna descendencia de Satanás? Algunos testimonios aseguran que estos *draco* son más imponentes y altos que los reptilianos, pudiendo medir hasta casi tres metros de altura y poseer alas. No así los reptilianos.

Los *draco* serían el origen del término «serpiente alada» y representarían las gárgolas de aspecto siniestro ubicadas de manera extraña en diferentes catedrales. Sobre estos *draco*, señalan algunos, que su aspecto no es de color verde, marrón o grisáceo de los reptilianos, sino que son estilos albinos. Constituyen la realeza de los reptilianos porque poseen cuernos en la frente y en el cráneo y con alas, tal cual la representación de ángeles caídos. Por lo general, los dioses demonios de la antigüedad solían representarse con cuernos y simbolizaban la realeza y el poder. Un ejemplo de esto son los demonios Pan y Cernunnos,[38] el dios cornudo o astado.

En consecuencia, estaríamos hablando de dos descendencias o hibridaciones de parte de estos seres espirituales interdimensionales: una del propio Satanás (representada por los *draco*) y otra de los ángeles caídos (reptilianos), aunque, en definitiva, sabemos que ambos son una misma especie, debido a que descienden de seres de naturaleza angélica, aun cuando salvaguardan las diferencias antes mencionadas. Comprendo que esta información puede parecer demasiado fantasiosa y poco creíble, pues estamos hablando de descendencias de seres espirituales, algo que no siempre podremos entender. No obstante, te invito a seguir leyendo para obtener más información y luego, con el discernimiento que el Espíritu Santo te irá proporcionando, comprenderás todo mucho mejor.

Leyendas de serpientes

Hemos visto que la serpiente ha sido un símbolo presente en TODAS las culturas, asociada siempre a la fertilidad y al conocimiento. Veamos cómo los dioses demonios han originado numerosas leyendas que vale la pena mencionar.

---

38 Macho cornudo en la mitología celta, relacionado con la fertilidad, la virilidad y la renovación. Es considerado el amo de los animales salvajes. Su rasgo más particular son los cuernos de ciervo. El Caldero de Gundestrup muestra al dios cornudo como una figura de serpiente con cabeza de carnero o simplemente con cuernos.

Comencemos con la leyenda irlandesa de San Patricio, el santo patrón de Irlanda, y misionero cristiano del siglo V. Esta leyenda contaba como este desterró hasta la última serpiente de la isla Esmeralda. Además, dice que San Patricio estuvo ayunando durante cuarenta días en la cima de una colina cuando fue atacado por serpientes. Logró expulsar y conducir a todas las serpientes de Irlanda hacia el mar. Aunque Irlanda, así como Nueva Zelanda, Groenlandia, Islandia y la Antártida, no tienen serpientes porque desde la edad posglacial han estado rodeadas de agua y, antes de eso, su clima era demasiado frío como para que las serpientes sobrevivieran. Esta leyenda estaría entonces representando algo mucho más simbólico. ¿Acaso estas serpientes representarían a los demonios?

La poderosa serpiente marina de la mitología nórdica, Jörmundgander, fue arrojada al mar por Odín, padre del dios del trueno, Thor. Según la leyenda, esta serpiente creció hasta que su cuerpo rodeó la tierra y pudo agarrar su propia cola en la boca. En su enfrentamiento final, Thor[39] mató a la serpiente con su poderoso martillo, pero solo dio nueve pasos antes de caer muerto, vencido por el veneno mortal de la serpiente uróboros.[40]

---

39 Thor era considerado el dios más fuerte de la mitología nórdica. Se desplazaba por los cielos en su carro tirado por cabras, y solía combatir con su martillo Mjölnir en la mano y el poderoso trueno como aliado. Thor era una de las figuras principales de esta mitología y una de sus deidades más adoradas por los vikingos. Es considerado, además, el dios del trueno y el rayo. Los pueblos nórdicos y germanos creían que Thor provocaba grandes tormentas, los vientos, las estaciones y los fenómenos atmosféricos en general, por lo que la gente le hacía ofrendas buscando su protección durante los viajes o para pedirle buenas condiciones climáticas para las cosechas. Su papel como defensor de la humanidad le convirtió en uno de los dioses más venerados por los nórdicos y su martillo Mjölnir solía usarse como colgante o en la proa de los barcos como amuleto.

40 Dragón o serpiente encerrada sobre sí misma al «comerse» su propia cola. Está relacionada con el dualismo, los opuestos. Por eso, en algunas imágenes, es mitad

En la mitología griega, las gorgonas eran mujeres serpientes, cuyas miradas convertían a la gente en piedra. Estas poseían serpientes en lugar de cabellos, así como largas garras, dientes afilados y escamas que cubrían sus cuerpos. Medusa, la más famosa de las gorgonas, era, en su origen, una hermosa mujer. Su cita (la leyenda dice que fue tomada a la fuerza) con el dios Poseidón en uno de los templos enfureció a Atenea, quien convirtió a Medusa en una gorgona como castigo. Luego, Atenea ayudó al héroe Perseo a matar a Medusa, dándole un escudo de bronce brillante que usó para evitar la mirada de la gorgona. Después de cortar la temible cabeza de Medusa, Perseo la usó para paralizar a sus enemigos en la batalla.

La leyenda de Quetzalcóatl: la serpiente emplumada

En las culturas mesoamericanas tenemos a Quetzalcóatl, o «serpiente emplumada», mezcla de pájaro y serpiente de cascabel (*coatl* es la palabra náhuatl para 'serpiente'). Considerado dios azteca del viento y la lluvia, así como del aprendizaje, la agricultura y la ciencia, se decía que Quetzalcóatl había jugado un papel clave en la creación del mundo. En una versión de la historia de la creación, él y otro dios, Tezcatlipoca, se transformaron en serpientes y partieron por la mitad a un monstruo marino gigante

---

negro y mitad blanco, significando la oposición del cielo y la tierra, femenino y masculino, bien y mal, el día y la noche, el *yin* y el *yang*, En algunas representaciones, lleva por complemento la inscripción «El Uno es el Todo». La serpiente cambia de piel y se rejuvenece constantemente, mientras que el dragón es la personificación reptiliana del poder primordial. En Grecia y China se les llamaba *drakonates* a las serpientes grandes. Este símbolo también representa el eterno retorno: al fin le corresponde un nuevo comienzo. Siempre está en constante repetición cíclica, lo que representa la circulación de los tiempos, el fin de los mundos y las nuevas creaciones, el morir y el renacer, representa la eternidad.

llamado Cipactli, con la que una parte de él se convirtió en la tierra y la otra en el cielo. Aunque las primeras representaciones de Quetzalcóatl lo muestran, de manera clara, como una serpiente con un penacho de plumas, las culturas posteriores lo representaron en forma humana.

Su nombre surge de una combinación de las palabras en náhuatl *quetzal*, que significa 'pájaro emplumado esmeralda', y *coatl*, que significa 'serpiente'. Su origen se remonta a la cultura tolteca, una de las más antiguas culturas mesoamericanas, donde representaba la dualidad entre la condición física del hombre, por su cuerpo de serpiente, y su parte espiritual, por sus plumas.

Este dios denominado «Ce Ácatl Topiltzin Quetzalcóatl», fue representado en una piedra tallada con la figura de una serpiente y un hombre a sus pies, descrito como un hombre de tez clara, barba, cabellos rubios y con un dominio de diversas prácticas como la agricultura, la orfebrería, la navegación y la astronomía. Habría llegado al pueblo tolteca para compartir su conocimiento con los habitantes de Tollan, la ciudad más importante de esta civilización. Se habría ganado el respeto entre los pobladores, quienes lo llamaron «la serpiente emplumada», haciendo referencia al dios de la naturaleza y de la vegetación, convirtiéndose en una especie de gobernante y semidios para esta cultura.

Sin embargo, según la leyenda, Quetzalcóatl fue engañado por otros tres dioses que buscaban destruirlo. Por ello, hicieron que él se embriagara con pulque[41] y tuviera relaciones sexuales

41 El pulque es una bebida alcohólica de alta graduación, espesa y de color blanco, que se obtiene de la fermentación del jugo del maguey. Se usa, sobre todo, en México y otros países de América. Es una de las bebidas fermentadas más antiguas del mundo, de uso exclusivo de la élite azteca, reservada generalmente para ceremonias y rituales.

con su hermana. Avergonzado por su abominable acto, decidió embarcarse hacia el mar y desaparecer para siempre, no sin antes prometer que regresaría algún día. Este mito se extendió entre las culturas mesoamericanas, pasando a ser el dios más poderoso para los teotihuacanos, mexicas, toltecas, olmecas y mayas, aunque ha sido conocido con distintos nombres. Kukulkán para los mayas, Gucumatz para los quichés de Guatemala y Ehecatl para los huastecos de la costa del Golfo. Llegó a ser considerado dios de los vientos y la lluvia, el creador del mundo y la humanidad. Su culto se extendió, de igual forma, hasta el Imperio azteca, donde se le asoció con el planeta Venus y se le consideraba dios del aprendizaje, la ciencia, las artes, los oficios y la agricultura. Para los aztecas, Quetzalcóatl estaba destinado a regresar en algún momento de la historia para reclamar su trono, tal como decían las leyendas originadas desde los tiempos de los toltecas. Cuando llegaron los españoles, los mexicas asumieron que Hernán Cortés, por ser rubio y barbón, era la encarnación misma de Quetzalcóatl. Además, coincidió con que llegó desde donde sale el sol en la fecha en la que, supuestamente, habría de regresar el dios alado. Esto no sucedió solo con Cortés. Otros personajes también fueron considerados, al inicio, como deidades gracias a su aspecto físico.

Más leyendas de la serpiente como protagonista

Durante miles de años, los miembros de la tribu nativa americana hopi, en el norte de Arizona, han realizado el ritual conocido como la Danza de la Serpiente. Durante varios días, el objetivo es alentar la lluvia y la fertilidad de la tierra. Los bailarines del clan Serpiente se ponían serpientes vivas, desde pequeñas hasta cascabeles, en la boca y alrededor del cuello. Las serpientes son recogidas cuidadosamente y lavadas antes de la ceremonia, que también involucra a miembros del clan Antílope. Gran parte de la larga ceremonia tiene lugar en cámaras subterráneas llamadas kivas, lo que permite que sus aspectos más sagrados sigan siendo misteriosos.

Recordemos que, en las religiones orientales del hinduismo, budismo y el jainismo,[42] existieron (según los habitantes locales) las criaturas semidivinas e híbridas, conocidas como los nagas (serpiente en sánscrito), quienes solían adoptar aspecto mitad humana y mitad cobra, aunque podían cambiar de forma para adoptar por completo una o la otra. Se decía que el dios (demonio) hindú Brahma había desterrado a los naga hacia su reino subterráneo cuando la Tierra se fue poblando. En el budismo, a menudo los naga se representaban como protectores de Siddhartha Gautama, el Buda, pero se les consideraba poderosos y potencialmente peligrosos cuando se enojaban.

Una antigua leyenda china cuenta la historia de la poderosa mujer demonio y serpiente blanca que vive bajo el agua, pero que adopta forma humana. Se le conoce con el nombre de «Señora Blanca» o Bai Suzhen, quien se enamoró y casó con un hombre mortal, Xu Xian. Según el mito, un monje budista reveló su verdadera identidad a su esposo. Después de eso, ella secuestró a Xu y lo llevó debajo de su pagoda junto al lago, no sin antes dar a luz a su hijo, quien, al final, liberaría a su madre. Hay varias versiones de la leyenda de la serpiente blanca que ha

42 El jainismo es una doctrina originaria de la India, surgida en el siglo VI a. C. por Majavira y centrada en el culto de ningún dios. Trata cuestiones de metafísica, cosmología y divinidad. Es una religión no teísta, pero no anti metafísica, porque creen en la existencia del alma. Sus características incluyen el dualismo, la negación de Dios creativo y omnipotente, el karma, el universo eterno y no creado. Su objetivo final es llevar el alma/la consciencia a un estado divino y de liberación.

evolucionado a lo largo de los siglos desde una historia de terror, en la que el monje lucha de forma heroica contra la malvada serpiente, hasta un romance, centrándose en el amor frustrado pero genuino entre Xu y Bai. Incluso en China existen leyendas de «dioses» que se enamoraron de humanos. ¿Alguna similitud con lo ocurrido entre los ángeles caídos y las humanas en Génesis 6?

En la mitología griega, Equidna ('víbora' en griego antiguo) era una espantosa ninfa de la estirpe de las Fórcides o monstruos serpentinos femeninos. Llamada a veces como Drakaina Delphyne o vientre de dragona, es descrita por Hesíodo en la *Teogonía*[43] como un monstruo femenino, madre de todos los monstruos importantes de los mitos griegos. Tenía el torso de una bella mujer de temibles ojos negros, pero cuerpo de serpiente. Equidna moró en una cueva de un remoto lugar desértico situado en Asia Central, probablemente en Siria. Según Hesíodo, Equidna era inmortal y poseía la eterna juventud. Es el equivalente a Lilith, Astarté, Semiramis, Inanna, Diana, Ishtar, etc., y se le atribuyen escamosas piernas como de serpientes.

A continuación, veremos historias y leyendas muy interesantes de mujeres híbridas entre serpiente y humana. ¡Veamos!

La historia de Melusina

La leyenda de Melusina se remonta al siglo XIV, cuando el hada[44] Pressyne se enamoró del rey Elinas de Albión, nombre con el que se conocía lo que ahora es Escocia. Se enamoraron, se

43 Obra poética de Hesíodo y considerada una de las primeras versiones del origen del cosmos y el linaje de los dioses en la mitología griega.

44 En el libro *Luz en la oscuridad: demonología moderna,* vimos cómo los demonios se presentaban como elementales de la naturaleza o seres feéricos desde hace siglos, especialmente hadas, duendes, sirenas y gnomos.

casaron y tuvieron tres hijas: Melusina, Melior y Palatyne. La única condición de la relación era que el rey no viera a su amada durante el parto, promesa que él rompió y Pressyne tuvo que llevarse a sus pequeñas hijas a la isla perdida de Avalon. Melusina, quien había cumplido 15 años, le preguntó a su mamá por qué habían abandonado el reino, con lo que su madre le contó lo sucedido. Al conocer la traición de su papá, buscó venganza con el apoyo de sus dos hermanas menores.

Cuando Pressyne descubrió el plan de venganza de su hija, la castigó con una maldición: cada sábado, Melusina tomaría la forma de una serpiente de la cintura hacia abajo. Algunas versiones indican que le salían hasta tres colas. El hechizo jamás podría romperse, pudiendo incluso empeorar. Si la joven encontraba un esposo que aceptara nunca verla los sábados, conservaría el resto de los días de la semana su forma humana, pero si su amado la llegaba a ver con su cola de sirena, ella se transformaría en una serpiente alada hasta el Día del Juicio.

Cierto día, Melusina conoció a Raymond de Poitou, aristócrata medieval francés, quien quedó encantado por el hermoso rostro de Melusina y su larga cabellera dorada. Ambos se enamoraron con rapidez y él aceptó, de buen grado, jamás verla los sábados, pese a que ya estaban casados y tenían diez hijos; de los cuales algunos nacieron con deformaciones por la sangre de hada (demonio) que heredaron de la joven mitad serpiente.

Vivieron muchos años felices y en armonía, incluso ella ayudó a que la región de Poitiers creciera gracias a la construcción del castillo Chateau Lusignana, el cual fue derribado, más adelante, por orden del conde de Blossac en el siglo XVIII con la ayuda de un ejército de «hadas», según *The Noble History of Lusignana* de Jean d'Arras.

Cierto día, el hermano de Raymond comenzó a meterle ideas en la cabeza al aristócrata francés sobre una supuesta infidelidad, algo que explicaría las ausencias habituales de su esposa todos los sábados. Una noche, espió a Melusina a través de la cerradura de la habitación donde ella se ocultaba y fue entonces cuando descubrió la maldición de su esposa, quien, al instante, se convirtió en una serpiente/dragón con alas. Ella huyó con lágrimas en los ojos y el corazón destrozado, pues, al igual que su madre, la habían traicionado. Esa noche fatídica por el descubrimiento de Poitou tras haber espiado por la cerradura a Melusina mientras se bañaba en una tina con su aspecto mitad humana y mitad serpiente alada, quedó plasmada en una famosa pintura de 1410 de Guillebert de Mets, donde la original se encuentra, hasta el día de hoy, en la Biblioteca Nacional de Francia.

Los descendientes de Melusina cargaron con sus maldiciones generacionales,[45] pues el linaje de Luxemburgo y, por ende, toda la familia real británica, se dice que lleva su sangre en las venas, de acuerdo con el libro *The King's Grave: The Search for Richard III,* escrito por Philippa Langley y Michael Jones. Jacquetta de Luxemburgo, quien viene de manera directa de ese linaje, fue acusada en 1469 de embrujar al rey Eduardo IV de Inglaterra.

La historia relata que Eduardo se enamoró perdidamente de Elizabeth Woodville, hija de Jacquetta, pero se oponían al matrimonio entre ellos debido a que la joven no descendía de una familia de linaje real. Jacquetta salió a la defensiva al decir que

45 Las maldiciones generacionales son recurrentes y un factor común en todas las familias hibridas y de linaje noble. Esto es porque el mismo linaje es maldito y no cuentan con la bendición de Dios.

descendían de Melusina y que ello era prueba de que su linaje era especial, no obstante, fue acusada de haber embrujado al rey para que se enamorara de Elizabeth. De todas formas, ellos se casaron en secreto y fueron felices juntos. Tuvieron doce hijos, entre ellos, Isabel de York y Eduardo V, quien fue el heredero al trono tras la muerte de su papá. Por esta razón, se piensa que la sangre de Melusina sigue en muchos de los monarcas de la actualidad.

Esta historia ha inspirado varios relatos e, incluso, cuentos de Disney, tales como La sirenita. ¿Recuerdas cómo la sirena Ariel deseaba ser humana y se enamoró de un príncipe humano? Aunque la historia contada por Disney no fue idéntica a la original.

El cuento inicial de La sirenita fue una obra escrita por el autor danés Hans Christian Andersen, responsable por éxitos como El patito feo y otros más. La historia de La sirenita trata acerca de una mujer mitad pez, mitad humana, quien se enamora de un príncipe. Por amor, decide intercambiar su hermosa e hipnotizante voz por un par de hermosas piernas. En cierto momento, cuando su amado se encuentra en peligro, ella lo salva, pero él no sabe que fue ella quien lo hizo.

La sirenita desea saber qué sucede con los humanos cuando mueren. Su abuela le explica que cuando los humanos fallecen, su alma inmortal se eleva a los cielos; a diferencia de ellas que, al morir, se vuelven espuma de mar. Al escuchar eso y anhelando que su alma se eleve al cielo en lugar de volverse espuma, la sirenita recurre a una bruja, pretendiendo cambiar su voz por un par de piernas, dejando de ser sirena y volviéndose humana. La bruja con la que hizo el trato le advierte que una vez siendo humana, nunca podrá regresar al mar. Además de que cada vez que sus pies toquen la tierra, sentirá un extremo dolor en sus pies, como si pisara espadas. Solo si el príncipe la ama y se casa con ella es que podrá obtener su alma eterna, de lo contrario, morirá como sirena, convirtiéndose en espuma.

El príncipe se termina casando con la princesa del reino vecino, pensando que fue ella quien lo salvó de morir ahogado. La sirenita, con el corazón roto, recibe una daga encantada por parte de sus hermanas, quienes la obtuvieron intercambiando sus cabelleras con la bruja. La daga tiene el poder de regresarle su estatus de sirena si es que mata al príncipe con ella y deja su sangre correr por sus piernas. Tan solo de esa forma, ella recuperaría su cola y volvería a vivir en el mar.

Al llegar el momento y teniéndolo indefenso mientras dormía en sus brazos, decidió no asesinarlo y optar por morir en el mar como sirena. Cuando el príncipe despierta y la ve metiéndose al mar, intenta detenerla, aunque ya es tarde y ella se convierte en espuma. En ese momento, el príncipe se da cuenta de que fue ella quien en realidad le salvó la vida. Vemos cómo esto no es un simple cuento siniestro y triste, sino que se incluyen varios elementos relacionados con demonios como linajes nobles, hibridación, brujería, sangre y sacrificios. Cuando Disney decidió adaptar el cuento para una de sus más taquilleras caricaturas, modificó algunos detalles demasiado siniestros, pero dejó tantos otros como magia, brujería y amor entre dos especies: hada-humano.

No solo en caricaturas y cuentos la historia de Melusina se hace presente, sino que también en los logotipos. ¿Recuerdas algún logo famoso donde se estampe la imagen de una sirena? Un ejemplo claro es Starbucks, marca que se fundó en Seattle, Estados Unidos, en 1971, la cual tenía a una mujer con dos colas de sirena, además, lleva una corona, lo que hace referencia a la realeza británica que descendió de Melusina a través de los siglos. La propia marca de café ha explicado que la imagen está inspirada en una sirena de dos colas que aparece en un antiguo grabado nórdico del siglo XVI.

Para finalizar la historia de Melusina, al culminar la Guerra de las Rosas,[46] la hija de Elizabeth Woodville, Elizabeth de York, se casó con Enrique VII, el nuevo rey Tudor de Inglaterra. Pasó su sangre infundida por magia a su hijo, Enrique VIII, y a sus demás descendientes que gobernarían Inglaterra durante un siglo. Cuando los Tudor murieron con la reina Isabel I, se supo que los Stuarts también descendían de Henry VII y Elizabeth de York a través de su hija, la princesa Margaret, quien se había convertido en la reina de Escocia. En efecto, la familia real inglesa no es la única que ha sido relacionada con estos seres, sino que, del mismo modo, el primer rey de Francia aseguraba que su herencia provenía de un dragón de mar.

Es notorio el origen de las realezas en Occidente y Oriente como producto de hibridación entre «dioses serpientes/dragones» y humanos.

La leyenda de Medusa

En las paredes de la Galería Uffizi, en Florencia,[47] hay una pintura de Caravaggio representando a una criatura femenina con

46 La Guerra de las Rosas (1455-1487) fue un conflicto dinástico entre la nobleza y la monarquía inglesas que llevó a cuatro décadas de batallas intermitentes, ejecuciones y complots de asesinatos. La élite en Inglaterra estaba dividida en dos bandos, y cada uno se centraba en un descendiente de Eduardo III de Inglaterra: los Yorkistas y los Lancastrianos. El nombre de la guerra deriva de la rosa roja de Lancaster y la rosa blanca de York.

47 Firenze (Florencia) es una ciudad ubicada en el norte de la región central de Italia. Es la capital y la ciudad más poblada de la ciudad metropolitana y de la región de Toscana, de la que es su centro histórico. Tanto su bandera como su escudo de armas posee una gran flor de lis.

cabellos de serpiente. Gaspare Murtola, poeta del siglo XVI, escribió: «Huye, porque si tus ojos se petrifican con asombro, ella te convertirá en piedra». Mostrando los dientes, la cabellera de víboras serpenteantes y la cabeza cortada escurriendo sangre, la criatura está capturada en el momento cuando se da cuenta de su condición incorpórea. Por supuesto que estoy hablando de la gorgona (demonio) más famosa de la mitología griega: Medusa. Habíamos visto con anterioridad cómo las gorgonas eran mujeres serpientes cuyas miradas fulminantes tenían la capacidad de convertir a cualquiera en piedra. Además, poseían serpientes en lugar de cabellos, garras, dientes afilados y escamas que cubrían sus cuerpos.

Las primeras vasijas la representan como gorgona de nacimiento, pero con el tiempo su origen fue modificado. Fue Ovidio, el poeta romano, quien detalló su transformación en *Las Metamorfosis*,[48] alrededor del siglo VIII d. C. Según él, Medusa no siempre fue una asustadora mujer serpiente, sino que, en principio, era una hermosa doncella. Su belleza encendió el deseo del dios del mar, Poseidón, quien la tomó por la fuerza en el templo sagrado de Atenas. Furiosa por la profanación de su templo, Atenas transformó a Medusa en un monstruo con capacidad mortal de convertir en piedra a cualquiera que mirara su rostro. Posteriormente, Atenea ayudó al héroe Perseo a matar a Medusa, dándole un escudo de bronce brillante que usó para

48 *Las Metamorfosis* de Ovidio, del siglo VIII d. C, es un poema de quince libros con más de 250 narraciones mitológicas que relatan la historia del mundo desde su creación hasta la divinización de Julio César, es decir, hasta que comenzó a considerarse a los hombres como dioses. Dicho poema combina libremente mitología e historia y es considerado uno de los textos sobre mitología más célebres, siendo una auténtica joya de la literatura romana.

evitar la mirada de la gorgona. Después de cortar la temible cabeza de Medusa, Perseo la usó para paralizar a sus enemigos en la batalla.

En ocasiones, las gorgonas son representadas con alas de oro, garras de bronce y colmillos de jabalí, aunque sus atributos más comunes son los dientes y la piel de serpiente. Se decía que los oráculos más antiguos eran protegidos por las serpientes y las imágenes de gorgonas se asociaban a menudo con estos templos.

Lamia, la devoradora de hombres

La diosa (demonio) griega Lamia era una seductora criatura femenina que se caracterizaba por devorar hombres y niños. En este último aspecto, constituye un antecedente de la mujer vampiro moderna y remite, de manera directa, a lo que hemos visto en volúmenes anteriores sobre Lilith, la reina de los súcubos.[49]

Se le concibe como una criatura individual, pero también como nombre genérico de un tipo de demonios, las lamias. Se le asocia con la hebrea Lilith, sin embargo, en diversas culturas se les menciona como lamias. Por ejemplo, en la mitología vasca, estas criaturas son seres con pies de pato, cola de pescado o garras de ave, similar a la Ishtar (Lilith), diosa (demonio) babilónica del amor y la belleza, de la vida y la fertilidad. Era la diosa de la sexualidad y su culto implicaba la prostitución sagrada.

El Antiguo Testamento menciona a Lilith solo una vez, en Isaías 34:14. Y en versión la Vulgata se tradujo como 'lamia', aunque otras versiones la tradujeron como 'lechuza' y 'criatura de la noche'.

---

49 Ver *Demonios del sexo: íncubos y súcubos. Demonología y sexualidad* (p. 77).

«Las bestias montesas se encontrarán con los gatos cervales y el peludo gritará a su compañero: la lamia tendrá también allí asiento y hallará para sí reposo» la Vulgata y Nácar Colunga (Isaías 34:14).

Tal y como hemos visto con anterioridad, la lamia mencionada en la Vulgata se le relacionaba con una criatura femenina, quien, en diferentes culturas, como la vasca, castellana y hebrea, asustaba a los niños. Se caracterizaba, además, por ser muy seductora y asociada a Lilith, pues contaba con características de mujer vampiro que mataba a chicas vírgenes para succionar su belleza, energía y juventud.

Por consiguiente, el demonio Lilith era uno de los más temidos y poderosos espíritus malignos que acechaban y amedrentaban a los sumerios, babilonios y asirios por las noches y, en especial, durante los sueños. Afirmaban que Lilith y sus demonios les provocaban sueños agotadores y lascivos que traían desgracias, enfermedades e, incluso, la muerte. Recordemos que hablamos de los sumerios y babilonios, quienes poseían un panteón de «dioses» (demonios) muy extensos, culturas paganas que adoraban fuerzas ocultas y espíritus demoniacos. En tales culturas, Lamashtu y Lilitu eran demonios femeninos que ponían en peligro a las mujeres durante el parto y buscaban matar a recién nacidos.

Las lamias, estas criaturas de aspecto femenino, por lo general de gran belleza, solían habitar en ríos y fuentes.[50] Se les describía que solían peinar sus largas cabelleras con peines de oro. A veces, se enamoraban de los mortales y, en ocasiones, se

---

50 Demonios relacionados con el elemento agua, tal cual las sirenas.

mezclaban con ellos. Sin embargo, en otras leyendas son híbridos mitad humanos y mitad peces.

Algunas historias representan a Lamia con la parte superior del cuerpo de bella mujer con largos y exuberantes cabellos, pero la mitad inferior de una serpiente. Otros relatos de la mitología griega la representan como una mujer con patas, escamas y genitales masculinos, o incluso como un enjambre de múltiples monstruos que se asemejan a vampiros.

Se cual sea el relato que se lea, el poder maligno general de Lamia/Lilith sigue siendo el mismo: seduce y encanta a los hombres y se alimenta de sangre. Además, roba y se come a los niños.

Existen numerosas leyendas relacionadas con la lamia. Una de ellas cuenta que, en cierta ocasión, una mujer le robó el peine de oro a una lamia y esta, enfurecida, trató de maldecirla, no obstante, no lo logró, puesto que sonó la campana de la iglesia y eso la salvó. Esto denota su origen demoniaco, debido a que aborrecen todo lo relacionado con la Biblia, Dios y Jesucristo.

En algunas localidades españolas, el mito de las lamias se adapta en la Leyenda de la Encantada.

Leyenda de la Encantada

La leyenda castellana de la Encantada es un nombre genérico para designar el conjunto de tradiciones orales y leyendas mitológicas, de varias localidades españolas, relacionadas con la Lamia. Existen variantes, empero, algunos elementos son comunes: la presencia de una protagonista peinando su hermosa y larga cabellera en la noche de San Juan, utilizando un hermoso peine de oro y un espejo. La leyenda narra cómo un joven halla en las cercanías de un castillo, cueva u otro paraje lleno de simbolismo, una hermosa joven peinando su larga cabellera con un peine de oro. El joven queda de inmediato encantado por ella. Sin embargo, ¿qué tiene de especial esta joven, además de su encantadora belleza? ¿Y por qué la leyenda ubica este encuentro justo en la noche de San Juan? Habitantes locales afirman que el 24 de junio es la noche mágica española por excelencia, donde tradicionalmente las hadas se hacían visibles. Son numerosas las leyendas, romances, tradiciones y mitos que se vinculan con el 24 de junio, tres días exactos después de iniciado el solsticio de verano en el hemisferio norte, considerada la noche del amor, la magia, adivinación, fertilidad y, por supuesto en algunas culturas, de los rituales y sacrificios humanos.

Buscando que coincidiera con la festividad de San Juan desde tiempos prerromanos, se han realizado en España celebraciones en las que el fuego,[51] en forma de hogueras o luminarias, juega un importante papel. Pretendían, según parece, que con

51 Tal como he explicado en anteriores volúmenes de mi autoría, los ángeles caídos se encuentran vinculados con los planetas, el sol, la luna y, por supuesto, los elementos de la naturaleza. Esto significa que existen demonios vinculados únicamente con el elemento tierra, el agua, el aire y el fuego. Estos son los seres tradicionalmente conocidos como elementales de la naturaleza.

El fuego es fundamental como fuente de poder, calor y energía en el ocultismo, la magia, la brujería y los rituales de sacrificios de animales y humanos. Las entidades vinculadas al fuego utilizan mucho el calor (la energía) que emana. ¿Podrían acaso ser los demonios vinculados al fuego quienes se encuentran detrás de esta celebración pagana, asimilada posteriormente por el catolicismo, conocida como fiesta de San Juan? Sabemos cómo el fuego ha sido siempre una fuente de energía y, justamente por eso, la brujería y sus rituales generalmente se realizaban y aún se realizan alrededor de fogatas y velas encendidas. Para poder atravesar el portal y manifestarse en esta dimensión, se necesita de energía, algo caliente o algo que tenga vida, como si estas entidades usaran esa fuente viva de energía para luego adoptar un aspecto visible al espectro humano. Esto es lo que produce que descienda la temperatura cuando se manifiestan las entidades. Por ejemplo, en casas infestadas, o en habitaciones donde más actividad preternatural hay, suelen ser lugares fríos ya que las entidades absorben la fuente de calor y energía para manifestarse.

esta acción dieran más fuerza al sol, que a partir de los días previos ya iba debilitándose a medida que los días se hacían más cortos hasta el solsticio de invierno.

Ha sido el catolicismo el que la ha llamado noche de San Juan para marcar la fecha de nacimiento de Juan el Bautista, aunque su origen es netamente pagano, con el que se conmemora una fiesta de celebración del solsticio de verano en el hemisferio norte. Sin embargo, las fechas de San Juan y del solsticio no coinciden: la primera se celebra entre el 23-24 de junio, mientras que el solsticio se celebra el 21, día en que inicia, de manera oficial, el verano en el hemisferio norte. Los textos sagrados dicen que Zacarías mandó a encender una hoguera para anunciar el nacimiento de su hijo Juan. El catolicismo asimiló esta tradición de origen pagano, (de hecho, todas las celebraciones tienen su origen pagano), y adaptó a su calendario, motivo por el que la costumbre de encender hogueras quedó unida al nacimiento de Juan el Bautista.

No obstante, la tradición pagana de culto a los dioses (demonios) marcaba que, para ayudar al sol a pasar el trance de su menor permanencia en los cielos y para darle más fuerza, había que encender hogueras para animarle, para prolongar la luz. Pero la realidad es que ese día y esa noche celebraran rituales de sacrificios e invocaciones a demonios. Y continúa siendo importante la fecha del 21 de junio para las sociedades secretas y la élite satánica. En la antigüedad, era parte del culto al sol Baal y a todos los demonios vinculados al elemento fuego, como por ejemplo: Moloch. Desde tiempos inmemoriales, celebraban estos rituales de culto al sol en fechas clave, como demuestran monumentos megalíticos como Stonehenge (Reino Unido) y tantos otros.

Con el neopaganismo,[52] han resurgido entre ciudadanos comunes las antiguas costumbres de rituales supersticiosos, mágicos y de culto a los demonios. Algunas de ellas jamás han dejado de celebrarse, entre ellas, la tradición de las hogueras, que se ha mantenido hasta nuestros días. Esta noche de hogueras se asocia, en tiempos actuales, al inicio del verano, el final del curso académico y el regreso de los ciudadanos a las calles con el buen tiempo (en el hemisferio norte).

Al culminar esta primera parte, comprendemos cómo serpientes y dragones han sido símbolos en común de todas las antiguas culturas, inspirando cuentos y leyendas, muchas de ellas con un punto de origen real. Pero, además, dichos dioses fueron objeto de culto como seres reptilianos y *dracos* que han colmado los textos de antiguos documentos. Estos «dioses» reptiles, en especial las serpientes, han tenido una presencia dominante en toda la historia de la humanidad, desde leyendas hasta las más variadas reliquias arqueológicas. Asimismo, en casi todas las culturas aparecen como los responsables de otorgar el conocimiento y la sabiduría a la humanidad.

Dichos dioses (demonios), a quienes la humanidad ha rendido culto desde siempre y ofrecido derramamiento de sangre, han erguido un colosal y siniestro imperio reptil, esclavizando, manipulando y controlando a la humanidad desde tiempos milenarios.

A continuación, veremos con atención lo sucedido en el Edén, pues allí podría estar la clave para comprender el origen de la raza de víboras.

52 Resurgimiento de antiguas costumbres paganas.

Segunda parte

La clave está en el Génesis

«Por cuanto esto hiciste, maldita serás entre todas las bestias y entre todos los animales del campo; sobre tu pecho andarás, y polvo comerás todos los días de tu vida».

Génesis 3:14

Bereshit

Con las palabras Bereshit Bará Elohim (en el principio como Elohim/Dios) inicia el Génesis, el primero de los cinco libros del Pentateuco o Antiguo Testamento. *Bereshit* se traduce como 'al principio' o 'en el principio', conocido como Génesis, que viene de una palabra griega que significa 'origen' o 'comienzo'.

Regresemos entonces al origen (Génesis), más específico, al huerto del Edén, donde los inocentes Adán y Eva vivían en plena armonía con Dios y su entorno.[53]

El Manual de Guerra Espiritual de Ed Murphy indica que el ser humano no fue creado en pecado y en rebeldía contra el señorío de Dios, sino en obediencia, inocencia y pureza, porque la finalidad fue crear seres en comunión ininterrumpida con Dios Padre. Por consiguiente, según Ed Murphy, el primer hombre (Adán) y la primera mujer (Eva) vivían en la cálida luz de la bondad e inocencia primitiva. Sin embargo, la presencia de una tercera criatura cambió el rumbo de la historia. Génesis 3:1 presenta la aparición de la serpiente astuta en escena, quien, seduciendo a Eva, provoca la caída de la humanidad. Veamos más de cerca este curioso y siniestro personaje.

¿Cómo era la serpiente que engañó a Eva en el Edén? ¿Era acaso un reptil que caminaba erguido?

En el libro *Las siete edades de la Iglesia*, William Marrion Branham menciona, con respecto a la serpiente que: «Esta bestia

---

53 En *Luz en la oscuridad: demonología moderna* presento una breve introducción a este tema de lo que sucedió en el huerto del Edén (pp. 97-99).

era tan semejante al ser humano que podía razonar y hablar. Él era una criatura que se paraba recto».

Cuando Dios maldijo a la serpiente, dijo: «Sobre tu pecho andarás» (te arrastrarás), es decir, que antes no se arrastraba, por lo que se trataba de un ser que podía caminar en dos patas, erguida. Sabemos que Satanás es un ser personal y espiritual de naturaleza angélica y su aspecto original, en la otra dimensión, es la de un bellísimo querubín. También sabemos que con el proceso de deformación espiritual que había tenido, su aspecto había cambiado, con lo que se transformó en monstruo. ¿Podría su verdadero aspecto, al materializarse en esta dimensión, ser de reptil humanoide que caminaba erguido? Luego Dios la maldice:

> «Por cuanto esto hiciste, maldita serás entre todas las bestias y entre todos los animales del campo; sobre tu pecho andarás, y polvo comerás todos los días de tu vida» (Génesis 3:14).

Las palabras de Dios fueron impactantes. Primero menciona que la serpiente hizo algo en realidad grave: «Por cuanto esto hiciste...». Luego, la reduce a ser una bestia, andar arrastrándose y, al final, se alimentará del polvo, es decir, de los hombres. Las palabras de maldición no pudieron jamás haber sido dirigidas hacia una serpiente, hablando de modo literal, sino al mismo enemigo de la humanidad y por algo muy grave que cometió. A su vez, la maldición alcanzó a Adán, a Eva y al propio planeta Tierra. Nótese que dice: «Polvo comerás todos los días de tu vida», las serpientes no se alimentan de polvo, sino de varios animales. ¿Pero qué significa que se alimentará de polvo? Veremos esta cuestión más adelante.

Dios condenó a Satanás a un estado de oscuridad espiritual eterno de humillación (arrastrándose). Incluso, lo condenó a estar solo en la tierra, recorriéndola sin poder acceder a otros lugares del universo (sol, luna, planetas y el espacio exterior).

> «¿De dónde vienes? Entonces, Satanás le respondió al Señor: "De recorrer la tierra y de andar por ella"» (Job 1:7).

Nahash, el brillante y serpenteante mago artero

El término hebreo para serpiente es *nahash* (*na-jash*), que tiene varios significados, entre ellos: 'silbido' o 'sonido silbante', 'brillante', 'mago artero', 'portador de conocimiento', 'resplandeciente' y 'mago encantador'. Los rabinos judíos nunca interpretaron que esta palabra fuese utilizada para indicar, de manera literal, a una serpiente, sino a un ser brillante con el poder y la habilidad para encantar a los demás, tal cual mago artero; pero, además, con aspecto serpenteante. Entonces, aunque la palabra *nahash* fuese traducida como *serpiente*, también significa 'mago', 'hechicero', 'encantador', 'iluminado' y 'brillante'. La interpretación rabínica judía no consideraba que Nahash fuera una serpiente como tal, sino más bien un ser brillante con el poder de encantar, hechizar.

Asimismo, la leyenda de los rabinos judíos dice que la serpiente andaba erguida, como anda un hombre sobre sus pies. Tal cual los mencionados reptilianos estilo humanoides que, además, razonaban y hablaban. Aunque, por supuesto, no se trataba de una raza extraterrestre de otro planeta, sino de un ser espiritual de naturaleza angélica e interdimensional que tenía la habilidad de materializarse. Por supuesto que no estamos aquí hablando de una serpiente real, un animal, sino del propio Satanás.

En el libro *La historia secreta de los reptilianos*, Scott Alan Roberts cita una expresión del erudito en hebreo y en antiguas lenguas semitas, Michael S. Heiser, quien menciona que Eva no estaba hablando con ninguna serpiente, sino con un ser brillante y resplandeciente cuya apariencia era serpenteante (ondulante) y estaba tratando de cautivarla con mentiras. El verdadero aspecto de Nahash (Satanás) sería similar al de un reptil que anda erguido, pero para seducir de una forma más eficiente a Eva, habría adoptado un aspecto humanoide brillante y serpenteante, bello y resplandeciente.

Por consiguiente, la serpiente del Edén debió andar erguida en un principio, pues de otro modo la sentencia de parte de Dios por haber producido la caída de Adán y Eva de arrastrarse sobre su vientre por la eternidad no tendría sentido. Algunos grimorios del medioevo afirmaban que la serpiente había adoptado un rostro de mujer para ganarse la confianza de Eva. Por eso, en muchos textos de la materia, solían representarla de esa manera. Otros autores afirmaban que no era una serpiente, sino un animal mítico como el basilisco.[54] Nótese que el origen del término «ave fénix»,[55] el renacimiento del dragón pájaro de fuego, se remonta a los fenicios del periodo precananeo, donde tenían su dios serpiente llamado basilisco,

---

54 En la mitología griega, el basilisco era una criatura con aspecto de serpiente gigante, la cual poseía un veneno mortal y la facultad de matar con la mirada. Además, su aliento marchitaba todo a su entorno y resquebrajaba las piedras. Lo consideraban el rey de las serpientes. También se lo representaba de otras formas, pero siempre con características reptilianas. Más tarde se le representaría también con una cresta con forma de corona o con una marca blanca en la cabeza, semejante a una diadema.

55 El ave fénix es un símbolo universal que casi todas las culturas han adoptado. Proviene del latín *phoenix* que significa 'palmera', 'color sangre' o 'volver a nacer de las cenizas'. Es símbolo de transformación y renovación. Primero surgió en la mitología egipcia, luego en la griega, la romana, la china, la japonesa, la árabe, la hindú y la americana. Es un símbolo utilizado por la élite para referirse a Lucifer quien, según ellos, a pesar de haber sido expulsado del cielo, se ha levantado y resurgido con poder absoluto y más fuerte que nunca.

el cual poseía rasgos de dragón y se representaba con el falo, el dominio de lo masculino. Según la leyenda, mirar a un basilisco significaba la muerte (esta habilidad de matar con la mirada también la poseían las gorgonas) y la única forma de matarlo era con los ojos vendados o a través de algo donde la serpiente pudiera ver reflejada su imagen. En la edad media, al basilisco se le identificó también con la cocatriz, un dragón de dos piernas y cabeza de gallo, similar al fénix. Del término «basilisco» surgió la palabra «basílica»,[56] lo que hoy conocemos por iglesia de gran suntuosidad e historia.

El erudito bíblico y teólogo metodista Adam Clarke (1762-1832) propuso la hipótesis de que no era en realidad una serpiente, sino una especie de simio con apariencia reptiliano. Según este autor, la palabra hebrea para serpiente es *nahash*, la cual proviene del árabe donde significa 'simio' (también demonio). ¿Pudo entonces Satanás haberse presentado ante Eva con el aspecto de un simio que andaba erguido, con facultad para hablar y demostrar gran inteligencia y astucia? ¿Podría haber sido una mezcla de simio con apariencia reptiliana?

La doctrina simiente de la serpiente

A continuación, profundizaremos en la doctrina de la semilla de la serpiente, la cual afirma que Caín no es hijo de Adán, sino de Satanás. Hemos visto cómo, en Mateo 23:33, Jesús llamó a los fariseos «generación o raza (o cría) de víboras». De modo

56 Entre todas las iglesias de Roma, destacan cuatro basílicas que tienen un rango superior a todas las demás y que están repletas de simbolismo ocultista: se las llama las Basílicas Mayores, no por su tamaño, sino por su dependencia del Vaticano. Estas son la Basílica de San Pedro, la Basílica de San Juan de Letrán, la Basílica de San Pablo Extramuros y la Basílica de Santa María la Mayor. Las cuatro cuentan con un altar mayor para uso exclusivo del papa.

espiritual, los fariseos eran hijos/razas (o simientes) de la serpiente. Ellos son los llamados «hijos del diablo», en sentido espiritual. ¿Podrían también haberlo sido en forma literal producto de la simiente de Satanás?

> «Vosotros sois de vuestro padre el diablo, y los deseos de vuestro padre queréis hacer. Él ha sido homicida desde el principio, y no ha permanecido en la verdad, porque no hay verdad en él. Cuando habla mentira, de suyo habla; porque es mentiroso, y padre de mentira» (Juan 8:44).

El diablo es la serpiente antigua del Apocalipsis 12:9, así que los fariseos y los maestros de la ley, de aquel entonces, eran hijos de la raza de la serpiente, hijos del diablo, porque tenían la misma vida y naturaleza de la serpiente espiritual.

Pero vayamos a lo que nos interesa. ¿Cómo se formó la raza (o simiente) de la serpiente? Génesis 3:15 dice que hay dos simientes o razas en enemistad. Dios le dijo a la serpiente que ella tenía una simiente «entre tu simiente» y que la mujer tendría su propia simiente: «la simiente suya». La Biblia menciona dos simientes: una de la serpiente, otra de la mujer. Por ende, Dios separó, con claridad, una de otra, aunque está claro que ambas conviven lado a lado.

La doctrina de la semilla de la serpiente afirma que dicha simiente es Caín, el primogénito de Eva e hijo del Maligno. Caín fue el primer homicida de la historia y, además, se menciona que «era del Maligno» porque es el título que se le otorga por lo que hizo (homicidio contra su hermano Abel). ¿Pero podría acaso haber otro motivo más por el que se le llamo del Maligno?

Según esta doctrina, Eva dio a luz a un varón maligno, el hijo de Nahash. ¿Y por qué Eva dio a luz a un hijo malvado?

Siempre nos han enseñado que la Biblia indica que Satanás, la serpiente, inyectó su naturaleza maligna en la carne de Eva a través del fruto de la ciencia del bien y del mal, es decir, lo que ella «comió», desobedeciendo así a Dios. ¿Podría ese fruto mencionado ser solo algo simbólico y no algo real que ingirió, sino un acto abominable que cometió? Eso daría origen a la ciencia dualista: bien y mal. A partir de ese momento, todos los seres humanos llevaríamos dentro el bien y el mal. Ese concepto dualista es el que utilizan, con frecuencia, las sociedades secretas y la élite en general. Los hombres heredamos una naturaleza dualista, dentro de nosotros hay bien y hay mal. ¿Por qué? Porque el diablo, la personificación del pecado, nos pasó a todos su naturaleza serpentina, la cual estaría dentro de cada hombre, en su propia carne, como si a partir de ese momento todos los seres humanos trajésemos la inyección del diablo en nuestra carne. Todos los descendientes de Adán hemos sido envenenados por la serpiente antigua. Jesús llamó a los fariseos como la «generación de víboras» y, en efecto, lo eran por su condición y su comportamiento.

Por consiguiente, cuando Jesús llamó «raza de víboras» a los fariseos, no fue como un insulto, sino en sentido simbólico, por supuesto, porque practicar el pecado es muy característico de los hijos del diablo. Son crías del Maligno por lo que son y por lo que hacen.

> «El que practica el pecado es del diablo; porque el diablo peca desde el principio. Para esto apareció el Hijo de Dios, para deshacer las obras del diablo» (1 Juan 3:8).

A través de su muerte y posterior resurrección, Jesús quebrantó la cabeza de la serpiente (Jesús viene de la descendencia de la mujer). Así como también los humanos venimos de la descendencia de la mujer. Sin embargo, ¿podría haber algo más detrás de esta célebre expresión de Jesucristo?

Sigamos con nuestro razonamiento. Jesucristo libró entonces a todos los que tenían el veneno del pecado, la naturaleza serpentina, y el temor de la muerte a la que estaban sujetos, en servidumbre y/o esclavitud. Esto es, Jesucristo destruyó al diablo y anuló la muerte para todo aquel que en esa victoria cree. Ya como creyentes en Jesús, no tenemos miedo a la muerte eterna y somos libres de la esclavitud del diablo. Diablo, pecado y muerte son una unidad compacta y maligna. De la misma forma que Moisés levantó la serpiente en el desierto, así es necesario que el Hijo del Hombre sea levantado, para que todo aquel que en Él crea, no se pierda, más bien que tenga vida eterna. La serpiente aquí es una figura simbólica, una representación. De cierta forma, todos éramos un poco serpientes antes de conocer a Jesús, debido al veneno del pecado que está en nosotros y que nos fue inyectado por la serpiente antigua.

Recordemos que cuando los hijos de Israel pecaron contra Dios, fueron mordidos por serpientes.

> «Y Yahvé le dijo a Moisés: "Hazte una serpiente ardiente y ponla sobre un asta; y cualquiera que fuere mordido y mirare a ella, vivirá. Moisés hizo una serpiente de bronce y la puso sobre un asta; y cuando alguna serpiente mordía a alguno, miraba a la serpiente de bronce y vivía"» (Números 21:8).

El que mirara a la serpiente de bronce, viviría de la picadura mortal de la serpiente ardiente del desierto. Como descendientes de Adán y Eva, hemos sido envenenados por la serpiente antigua, y la naturaleza de la serpiente está dentro de nosotros. El versículo indica que la serpiente que Moisés levantó en el desierto era una serpiente de bronce. Tenía la forma de la serpiente, pero sin el veneno de esta. ¿Por qué la forma de una serpiente? Porque ante los ojos de Dios, la carne de pecado es una serpiente, debido a que en la naturaleza de la carne de pecado está la naturaleza maligna de Satanás. Así que, Satanás es la serpiente y nuestra carne de pecado también lo es.

Jesús murió en la cruz como la serpiente de bronce, pero sin el veneno del pecado para condenar por ser inocente y sin mancha al pecado en la carne. Con su sacrificio y resurrección, destruyó a la muerte y a quien tenía el imperio de la muerte, esto es, al diablo. Murió para juzgar la carne de pecado y para destruir a la serpiente antigua, Satanás, para que todo aquel que se encuentre bajo las garras del diablo, de la muerte y del pecado sea salvo. No obstante, Jesús también murió como el Cordero de Dios para expiar, redimir, cubrir y quitar el pecado del género humano.

> «Más ahora que habéis sido libertados del pecado y hechos siervos de Dios, tenéis por vuestro fruto la santificación y, como fin, la vida eterna» (Romanos 6:22).

Los hombres al nacer, como descendientes caídos de Adán, son hijos del diablo y poseen la vida, la naturaleza y los deseos del diablo, sin embargo, a nivel genético, somos la descendencia de Adán, la semilla «buena» y pura, por ende, descendientes de la unión entre Adán y Eva.

Sin embargo, la simiente de la serpiente se opone a la descendencia de la mujer:

> «Y pondré enemistad entre ti y la mujer, y entre tu simiente y la simiente suya; esta te herirá en la cabeza, y tú la herirás en el calcañar» (Génesis 3:15).

¿Ocurrió algo repugnante en el Jardín del Edén?

De ahora en adelante comenzaré a exponer las conclusiones de investigaciones y estudios sobre el origen del linaje real de la serpiente/del dragón, es decir, de dónde procedería, en concreto, la raza de víboras.

Recuerda este versículo:

> «El proceder de la mujer adúltera es así: come, limpia su boca y dice: "No he hecho maldad"» (Proverbios 30:20).

Comencemos desde el principio. Al estudiar el Génesis, vemos cómo Dios creó a Adán, luego a Eva, y los puso en el Paraíso, llamado Jardín del Edén. También sabemos que les dio instrucciones precisas de que no comieran del árbol de la ciencia del bien y del mal. Sabemos que Eva desobedeció y comió el fruto y, acto seguido, le dio a su marido, quien también comió. Siempre nos han enseñado que esto fue de manera literal, lo que condujo a la desobediencia, causando la expulsión de ambos del Paraíso y provocando la caída de toda la creación. Por ende, de ese momento en adelante, todos sus descendientes estarían sujetos al pecado y a la muerte. En efecto, fue la desobediencia la que rompió ese vínculo con Dios.

Sabemos entonces que Eva desobedeció las órdenes de Dios, ¿pero qué hizo con exactitud? Tiene que haber sido algo muy grave para traer las consecuencias nefastas que se produjeron. Siempre nos han dicho que solo comió de un fruto, aunque, ¿en realidad sería un fruto literal o algo simbólico?

Nótese que a Eva no le extrañó que la «serpiente» hablara, muy por el contrario, le pareció del todo normal. ¿Estaría acaso esto indicando que esta «serpiente» no tenía aspecto de animal, sino de algo muy similar a un humano? ¿Estaría acaso indicando que ya habría hablado con ella en otras oportunidades? No lo podemos afirmar, en vista de que la Biblia no lo especifica.

Con seguridad, la información que leerás a continuación generará rechazo en varios lectores, puesto que nunca la había expuesto en libros anteriores. Sin embargo, considero que ha llegado el momento oportuno. Me consta que será demasiado impactante para muchos y sugiero que, si no te encuentras preparado, a nivel espiritual, para discernir lo que a continuación vendrá, cierres el libro y no procedas en la lectura de este.

Recuerda lo que nos dijo nuestro amado Señor Jesucristo:

> «Declararé cosas escondidas desde la fundación del mundo» (Mateo 13:35).
>
> «Clama a mí, y yo te responderé, y te enseñaré cosas grandes y ocultas que tú no conoces» (Jeremías 33:3).

El libro *La simiente de la serpiente: un linaje para gobernarlos a todos*, de Ronald Ibarra, es bastante esclarecedor y las próximas líneas, relacionadas con lo que sucedió en el Jardín del Edén, están inspiradas en ese texto.

Continuemos con nuestro razonamiento. Sabemos que Eva desobedeció y comió del fruto del árbol de la ciencia del bien y del mal. Pero comer de una fruta (hablando de forma literal) no provocaría semejante reacción de Dios, por lo que nos lleva a pensar que dicho «fruto» fue algo simbólico. Por otra parte, la Biblia no menciona qué fruto comió, sino que apenas comenta que es el fruto del árbol de la ciencia del bien y del mal. ¿Qué clase de árbol era este para que diera frutos tan malvados y capaces de provocar la caída de la humanidad? De nuevo, no podemos afirmarlo, pues la palabra de Dios no dice con exactitud qué árbol es este ni qué frutos producía. No obstante, no era, con claridad, un árbol natural, así como tampoco el árbol de la vida lo era.

> «Y mandó Yahvé Dios al hombre, diciendo: "De todo árbol del huerto podrás comer; mas del árbol de la ciencia del bien y del mal no comerás; porque el día que de él comieres, ciertamente morirás» (Génesis 2:16-17).

Vemos cómo este árbol era diferente a los otros porque no era uno natural, sino uno simbólico, lo cual tampoco es un misterio, debido a que la Biblia revela cómo Dios, en varias ocasiones, utilizaba símbolos para revelar misterios. En sueños o visiones, los profetas veían símbolos, por tanto, el tal fruto y árbol podrían ser perfectos símbolos de algo más.

¿Cómo era el árbol de la ciencia del bien y del mal?

El término hebreo para referirse al árbol es *ets*, el cual significa 'generaciones', pero también puede utilizarse para denominar la madera de un árbol como apertura y cierre de una puerta, es decir, un portal.[57]

---

57 El portal dimensional es un agujero en el tiempo-espacio, una apertura energética, que permite la entrada de los espíritus malignos de cuarta dimensión a nuestra tercera dimensión. Los demonios, como criaturas espirituales de naturaleza angélica, ubicados en otra dimensión distinta a la nuestra, no están sujetos a las leyes de la física, ni al tiempo, ni al espacio, ni a la materia. Para más información, ver *Mensajeros del engaño: demonios en piel alienígena*.

¿Pero cuál era el aspecto de ese árbol? En Génesis 3:6, Eva describe las características del árbol de la ciencia del bien y del mal de la siguiente manera: «Y vio la mujer que el árbol era bueno para comer, y que era agradable a los ojos, y árbol codiciable para alcanzar la sabiduría».

Nótese que la descripción de ese árbol no es para nada desagradable, al contrario, menciona adjetivos como bueno, agradable y codiciable. Es, además, curioso que las tres características mencionadas arriba son las mismas que representan las tentaciones del mundo y del pecado en 1 Juan 2:16: «Porque todo lo que hay en el mundo, los deseos de la carne, los deseos de los ojos y la vanagloria de la vida, no proviene del Padre, sino del mundo».

Podemos comprender entonces que dicho árbol representaba las tentaciones del mundo y del pecado. Sin embargo, ¿quién tentó a Jesucristo en el desierto con esas mismas tres cosas? Ya sabes que fue el enemigo de la humanidad: Satanás. Recordemos cómo la primera de las tentaciones se relacionaba con los deseos de la carne, en este caso, con el hambre.

El texto indica que luego de cuarenta días de ayuno, Jesús tuvo hambre: «Entonces el diablo le dijo: "Si eres Hijo de Dios, di a esta piedra que se convierta en pan"» (Lucas 4:3). Luego, Jesús fue tentado con los deseos de los ojos, es decir, el materialismo. «Y le llevó el diablo a un alto monte, y le mostró en un momento todos los reinos de la tierra. Y le dijo el diablo: "A ti te daré toda esta potestad, y la gloria de ellos; porque a mí me ha sido entregada, y a quien quiero la doy. Si tú postrado me adorares, todos serán tuyos"» (Lucas 4:5-7). Y, a la postre, en Lucas 4:9, el diablo tienta a Jesús con la vanagloria de la vida, es decir, el reto a mostrar su poder delante de todo Jerusalén: «Y le llevó a Jerusalén, y le puso sobre el pináculo del templo, y le dijo: "Si eres Hijo de Dios, échate de aquí abajo; porque escrito está: `A sus ángeles mandará acerca de ti, que te guarden´"» (Lucas 4:9).

Por todo lo expuesto, el árbol de la ciencia del bien y del mal no era un árbol en sentido literal, sino algo o alguien[58] que representaba las tentaciones del mundo y los pecados de la carne. Solo puede ser Satanás, cuya transformación en aspecto deseable,[59] hermoso de ver (*chamad*) y codiciable habría entenebrecido el entendimiento de Eva. Es interesante que, en hebreo, *ta'avah* signifique 'añorar', 'codiciar', en sentido de deseos carnales.

Por otra parte, en Gálatas 5:19-21, leemos sobre los deseos de la carne: «Manifiestas son las obras de la carne, que son: adulterio, fornicación, inmundicia, lascivia, idolatría, hechicerías, enemistades, pleitos, celos, iras, contiendas, disensiones, herejías, envidias, homicidios, borracheras, orgías y cosas semejantes a estas; acerca de las cuales os amonesto, como ya os lo he dicho antes, que los que practican tales cosas no heredarán el reino de Dios». Nótese que el primero de los deseos de la carne es el adulterio.

En el versículo que veremos a continuación, se menciona la necesaria fidelidad de la Iglesia (simbolizada en una novia pura y virginal) a Cristo:

58 Nahash, el ser reptiliano (Satanás) que se presentó ante Eva con aspecto resplandeciente y brillante.

59 Este aspecto hermoso y resplandeciente (el cual curiosamente corresponde con su apariencia original, de cuando fue creado por Dios como el más bello querubín) que utilizó, debido a sus capacidades metamórficas de ángel caído, para presentarse en el Jardín del Edén, no corresponde a su entonces actual y verdadero aspecto, el cual es monstruoso, de estilo serpiente/*draco*.

> «Porque os celo con celo de Dios; pues os he desposado con un solo esposo, para presentaros como una virgen pura a Cristo. Pero temo que como la serpiente con su astucia engañó a Eva, vuestros sentidos sean de alguna manera extraviados de la sincera fidelidad a Cristo» (2 Corintios 11:2).

Con claridad, este versículo apunta a evitar que suceda como a Eva, quien fue engañada por la serpiente y tuvo los sentidos extraviados.

¿Podría todo esto indicar que Eva fue infiel a su marido Adán por cometer adulterio?

La Biblia relaciona, además, el pecado de Eva con comer un fruto. ¿Existe alguna referencia bíblica para relacionar el comer algún fruto con el adulterio? La respuesta es: sí. En Proverbios 30:20, se compara el adulterio con comer del fruto.

> «El proceder de la mujer adúltera es así: come, limpia su boca y dice: "No he hecho maldad"».

No obstante, este no es el único versículo donde el acto sexual es comparado con comer un fruto. En *Cantar de los Cantares*, una mujer compara a su amante con un árbol y ella come su fruto.

> «Como el manzano entre los árboles silvestres, así es mi amado entre los jóvenes; bajo la sombra del deseado me senté, y su fruto fue dulce a mi paladar» (Cantares 2:3).

El fruto del árbol de la ciencia del bien y del mal según los términos originales hebreos

El libro *Auge y caída de los nefilim*, de Scott Alan Roberts, aporta interesantes revelaciones sobre los términos originales hebreos para dar una interpretación mucho más precisa del pasaje. Tal y como habíamos visto antes, la palabra hebrea que se usa para árbol es *ets*, parecido a *toledah*, que significa 'generaciones'. Pero también *ets* se refiere a la madera de un árbol como apertura y cierre de puertas, portales e iluminación. Estos términos no se utilizan para referirse a un árbol de forma literal.

Por otra parte, para referirse al fruto de ese árbol se utilizó la palabra hebrea *periy*, que refiere a 'fruto', 'producto de la tierra', 'descendencia', 'hijos' y 'procedencia del útero'.

La palabra hebrea *akal* indica 'comer de ese fruto', aunque, del mismo modo, suele aplicarse para referirse a tener relaciones sexuales con una mujer. El término hermoso o agradable a la vista, que Eva utiliza para describir al fruto de ese árbol, es la palabra hebrea *chamad*, que significa 'desear', 'deleitarse', 'algo atractivo'.

> «Cuando la mujer vio que el árbol era bueno para comer, que era agradable a los ojos, y que era deseable para alcanzar sabiduría, tomó de su fruto y comió; y dio también a su marido, quien estaba con ella, y él comió» (Génesis 3:6).

El término hebreo *ta'avah* significa 'codiciar algo' pero, por lo general, es usado como 'codicia', relacionada a los deseos carnales. Y, por último, la palabra hebrea utilizada para referirse a tomar ese fruto es *laqach*, que significa 'tomar posesión de algo'.

El pasaje analizado de manera sintáctica supone entonces mucho más que un grave acto pecaminoso de desobediencia por comer un fruto. Las referencias de Eva comiendo una manzana (fruto) implica una información codificada y oculta de lo que en verdad habría sucedido en el Edén.

Según *Auge y caída de los nefilim*, para los judíos, la serpiente comiendo polvo expresa, a nivel simbólico, lo peor de lo peor, de lo bajo entre lo más bajo. Además, según ellos, el pene masculino tiene en su forma una fuerte similitud con una serpiente. Adán también habría participado y luego se habría avergonzado, pero este fruto no procedía directamente del árbol (Satanás), sino de Eva. Ella, entonces, habría perdido su virginidad con la serpiente, por lo que el gran pecado de Adán y Eva no fue solo desobedecer a Dios, sino haber cometido un pecado sexual que dio origen a un linaje dual de mellizos concebidos dentro del útero de Eva, de los cuales uno de ellos era descendencia del mismo Satanás.

¿Mellizos de padres diferentes?

En Génesis 4:1, podemos leer: «Conoció Adán a su mujer, Eva, quien concibió y dio a luz a Caín, y dijo: "Por voluntad de Yahvé, he adquirido un varón". Después, dio a luz a su hermano Abel» (Génesis 4).

A simple vista, parece que la Biblia indica que Caín es, en efecto, hijo de la unión entre Adán y Eva, aunque luego veremos que esto no es tan claro. La palabra «conocer» en la Biblia refiere al acto sexual. ¿Pero por qué motivo Eva agradece a Dios por haberle permitido que naciera Caín?

¿Sería posible que Satanás (serpiente) hubiese adoptado un aspecto seductor, hermoso y atractivo para seducir a Eva y engendrar el primer híbrido de la historia? Recordemos que ella lo describe como bueno, codiciable (deseable), agradable a los ojos y que dicho ser brillaba y resplandecía de forma serpenteante.

Pero volvamos a Génesis 4. Allí indica que Adán conoció una vez a Eva y dicha intimidad produjo dos nacimientos, lo que indica que Caín y Abel eran mellizos. ¿Podría acaso Eva haber estado embarazada al mismo tiempo de Adán y de la serpiente? Parece descabellado. ¿Es esto biológicamente posible? La respuesta es sí. Por supuesto que no es lo más frecuente, al contrario, son excepciones, pero existen y son reales y se han producido algunas en la historia de la humanidad.

En el libro *La simiente de la serpiente: un linaje para gobernarlos a todos*, Ronald Ibarra explica que se denomina fecundación múltiple o superfecundación heteropaternal y sucede cuando dos o más óvulos son fecundados en dos actos sexuales separados. Puede ocurrir cuando dos periodos de ovulación ocurren seguidos uno del otro y ambos óvulos son fecundados por dos hombres (simientes) diferentes, o cuando en el mismo periodo, la mujer ovula dos veces y, entonces, es fecundada por dos hombres diferentes. No obstante, durante la ovulación, lo habitual es que la mujer libere un óvulo. Sin embargo, a veces la mujer puede liberar varios óvulos durante un mismo ciclo menstrual. En tal caso, si la mujer mantiene relaciones sexuales con diferentes hombres en un breve periodo de tiempo (después de liberar los óvulos y antes de la menstruación), dos óvulos podrían ser fecundados por espermatozoides de diferentes hombres.

El libro de Ronald Ibarra relata, a su vez, un caso ocurrido en 2009, cuando un matrimonio tuvo mellizos. Con el paso del tiempo, la madre comenzó a notar la diferencia entre sus hijos y decidió hacer un examen de ADN. El resultado indicó que uno de los bebés no era hijo biológico de su cónyuge, y entonces recordó que, el día en que quedó embarazada, había intimado con dos hombres diferentes, uno de ellos, su actual esposo.

En la superfecundación heteropaternal, estos mellizos, hijos de distintos padres, pueden, incluso, nacer en un mismo momento (parto), pero con pesos diferentes, siendo uno más grande que el otro. Esto se debe a la diferencia entre fecundaciones (que puede ser de hasta dos semanas, dependiendo del ciclo de cada mujer) e implica que los bebés estaban en diferentes momentos de la gestación al momento del parto. ¿Acaso habría sido esto lo acontecido con Caín y Abel? Es probable, sin embargo, la Biblia guarda silencio al respecto.

El primer caso investigado de superfecundación heteropaternal fue descrito en 1810 por John Archer, un médico de Estados Unidos, quien fundó la Facultad de Medicina de Maryland. Archer explicó el caso de una mujer blanca que dio a luz a dos mellizos de padres distintos: una niña blanca y un bebé mulato.

¿Existe alguna referencia bíblica que nos remita a la posibilidad de tener mellizos de dos hombres diferentes? En Romanos 9:10 se menciona a Rebeca (esposa de Isaac), quien tuvo a los mellizos Esaú y Jacob de un solo hombre. «Cuando Rebeca concibió de uno, de Isaac nuestro padre». ¿Qué sentido tiene realizar esta aclaración? Hay que aclarar que concebir de un solo hombre (y no de dos) implica que ambos mellizos eran hijos biológicos de Isaac. ¡He aquí entonces la confirmación bíblica de que una mujer sí puede tener mellizos de dos hombres diferentes!

Dos simientes, dos razas

Hemos visto cómo Jesucristo llamó a los líderes religiosos de su época «serpientes raza (generación) de víboras». Aparte, en Mateo 13, menciona la parábola del trigo y la cizaña, confirmando que, en efecto, existe entre nosotros, a nivel genético, otra semilla diferente a la de los humanos por descendencia de Adán.

Sin embargo, dentro de las doctrinas tradicionales del cristianismo y catolicismo se nos ha enseñado que la doctrina de la simiente de la serpiente es gnóstica y herética, la cual, en parte, es verdad. En realidad, esta teoría se enmarca dentro del gnosticismo.[60] Delante de todo lo visto, es inevitable hacernos una serie de preguntas como, por ejemplo, ¿podría acaso esta doctrina haber sido nombrada gnóstica a propósito junto con otras doctrinas y enseñanzas en realidad falsas dentro del gnosticismo? ¿Existiría algún interés de parte de alguien de esconder lo que en

---

60 En *Mensajeros del engaño: demonios en piel alienígena* explico que la palabra *gnosis* significa 'conocimiento'. El gnosticismo es una corriente de pensamiento dañina que se desarrolló durante los primeros siglos del cristianismo y se refiere a alcanzar la sabiduría y la iluminación a través del conocimiento, haciendo a un lado a Dios, por supuesto. Alude, además, al conocimiento de la serpiente, que libera a los seres humanos del yugo opresor del demiurgo (Yahvé), a quienes ellos atribuyen la autoría de crear la materia y encerrar a las almas humanas en cuerpos de carne y hueso.

Los conceptos manejados en el gnosticismo son opuestos al cristianismo, puesto que aseveran, entre otras cosas, que la Biblia fue manipulada y que el dios del Antiguo Testamento no es el Dios Creador, sino un usurpador y el verdadero representante del mal. Los primeros cristianos tuvieron que lidiar diariamente con esta peligrosa corriente que cobraba mucha fuerza entre los siglos I y II d. C. Según el gnosticismo cristiano, Jesús habría predicado dos tipos de conocimientos: uno público, dedicado a las masas (profanos y no iniciados), y otro mucho más reservado solo para sus apóstoles, al mejor estilo de sociedad secreta. Además falsificaron algunos textos, pretendiendo ser escritos por los verdaderos apóstoles con la intención de pervertir y destruir al cristianismo. Además se caracterizaban por elaborar textos tomando versículos fuera de contexto de la Biblia, dando una interpretación errónea que buscaba confundir a las personas.

verdad sucedió en el Edén? ¿Podría ser esta teoría una verdad escondida entre tantas mentiras?

Pienso que una pregunta clave sería: ¿Quién obtendría beneficios al ocultar esto? Analízalo. Si esto fuera enseñado a todos los cristianos, saldría a la luz los linajes y orígenes de la raza de víboras que conforman las familias satánicas de poder, quienes se encuentran por detrás de la maquiavélica agenda de control, esclavización y genocidio de la humanidad y se verían descubiertos por completo. Por consiguiente, las teorías de conspiración y exposición de la lucha espiritual que se esconde por detrás de toda esta inmundicia, ya no sería producto de mentes conspiranoicas, retorcidas, fantasiosas y de fanáticos religiosos, sino de algo mucho más palpable y, hasta cierto punto, comprobable, por lo menos para aquellos despiertos. Por supuesto que la élite no quiere eso, sino que la gran masa continúe pensando que todas estas afirmaciones son ciencia ficción. Mantener a la gran masa dormida (más bien, en coma espiritual) es una de las grandes premisas de la élite satánica.

Por eso tantas distracciones, tanto pan y circo. Así como trabajan los demonios, en las sombras, de la misma manera la élite satánica ha optado por permanecer oculta, reteniendo el control y el poder de la forma más discreta posible.

¿Podrían entonces contener la verdad las páginas escritas por Moisés en Génesis de lo sucedido en el Edén, pero de forma oculta, codificada o cifrada? Dejo la respuesta a tu criterio.

¿Cuáles son las señales que indican que Caín es descendiente de Satanás?

Retomemos el hilo de esta historia. Hemos visto cómo la posibilidad de Eva estar embarazada de la serpiente, al momento de haber intimado con Adán, no es descabellada. De hecho, algunas señales claras indican que Caín, en efecto, no era hijo biológico de Adán. Continuemos con nuestro análisis.

En primer lugar, la Biblia no menciona a Caín como descendiente de Adán, puesto que no aparece en las genealogías de este, lo cual es algo muy revelador de verdad. En la Biblia, las genealogías suelen ser explícitas y contundentes para determinar las descendencias. Génesis 3:15 es, además, la profecía de la venida del mesías Jesucristo, Dios hecho hombre, el salvador de la humanidad. No obstante, los registros genealógicos también están para mostrar que ese mesías viene de la simiente pura de Adán y no de la simiente de la serpiente, como sucedió con Caín y sus descendientes.

Al ser el primogénito de Adán y según la tradición hebrea, Caín debería haber aparecido en la genealogía de su padre. No obstante, tanto él como Abel fueron omitidos. Este último había sido asesinado a manos de su hermano mayor y, por ese motivo, no pudo dejar descendencia. ¿Pero y Caín? Este no está presente porque no era descendiente de Adán, sino de la serpiente Nahash, el personaje brillante y resplandeciente (Satanás). Caín fue, por tanto, el primer híbrido de la historia.

En Mateo 1:2 leemos:

> «Abraham engendró a Isaac, Isaac engendró a Jacob, y Jacob a Judá y a sus hermanos».

Otro ejemplo lo vemos en Mateo 1:16:

> «Jacob engendró a José, el marido de María, de la cual nació Jesús».

Es decir, Jacob era el padre biológico de José, pero este no era el padre biológico de Jesús, debido a que la Biblia utiliza «de la cual», es decir, hijo biológico solo de María.

Veamos el siguiente versículo, el cual es muy revelador:

> «Conoció Adán a su mujer, Eva, la cual concibió y dio a luz a Caín» (Génesis 4:1).

Adán es excluido de ser el padre biológico de Caín mediante el pronombre «la cual», en vista de que el pronombre «la» se refiere a Eva y no a Adán.

Por otra parte, en Génesis 3:15 se menciona: «Y pondré enemistad entre tú y la mujer, y entre tu simiente y la simiente suya». La palabra «simiente» es «zera», que refiere a linaje o descendencia. Aquí se especifica con claridad que existen dos simientes diferentes: la simiente de la serpiente y la de la mujer, las cuales serán enemigas. Sabemos que este versículo se refiere a la futura venida del mesías, hijo de una mujer bendita (María) a través de la cual el sexo femenino sería redimido por Dios de lo ocurrido con Eva.

> «¡Salve, muy favorecida! El Señor es contigo; bendita tú entre las mujeres» (Lucas 1:28).

Ahora bien, en Génesis 3:15 también se refiere a la pureza de la simiente que daría origen al mesías.

Otra importante señal es la que aparece en Génesis 4:1, donde leemos: «Eva, la cual concibió y dio a luz a Caín, dijo: "Por voluntad de Yahvé he adquirido un varón"». Esto significa que Eva agradece a Dios el nacimiento de Caín, pero cuando nace Abel, no hay agradecimiento. Cuando Adán conoce (tiene intimidad) de nuevo a su esposa, nace Set, y tampoco hay agradecimiento. ¿Podría acaso Eva estar agradeciendo a Dios no por felicidad, sino por culpa? ¿Estaría ella agradeciendo a Dios la misericordia de haber permitido vivir a Caín, ya que era fruto de una inmoralidad sexual y mezcla de diferentes especies? Eva agradece a Dios, pues Él podría haber impedido que la gestación siguiera adelante o, incluso, que Caín viviera al momento del parto. Sin embargo, una vez más, la generosidad y misericordia de Yahvé se manifiesta, de forma abierta, y, por ello, Eva agradece a Dios. De otra forma, no tiene sentido que ella hiciera dicha exclamación delante de Él, debido a que en Génesis 1:28, con antelación, Dios les había encomendado la orden de multiplicarse y poblar la Tierra.

Es cierto que la serpiente fue muy astuta en su estrategia de llevar a cabo el proceso de fecundación heteropaternal, donde ambos bebés compartieron vientre al mismo tiempo. Así, el dragón ligaría a Caín y a Abel en un mismo destino, y evitaría que Dios buscara interrumpir el embarazo de Eva, porque eliminar a Caín implicaba también poner en peligro a Abel. Aunque esto no es del todo cierto, ya que Dios, en su omnipotencia, podría haber interrumpido la vida de uno y salvaguardar la del otro sin problema. Nada es imposible para Dios. Si permitió el nacimiento y vida de Caín, es por su infinita misericordia. Y por eso Eva le agradece.

Por otro lado, sabemos que después de pecar, Adán y Eva intentaron esconderse de Dios y cubrieron sus órganos sexuales: «Entonces fueron abiertos los ojos de ambos, y conocieron que estaban desnudos; entonces cosieron hojas de higuera y se hicieron delantales» (Génesis 3:7). ¿Pero por qué se cubren las partes íntimas? No tiene sentido, si la causa de la caída había sido ingerir un fruto prohibido, ¿no tendrían acaso que haberse tapado la boca?

Dicho encubrimiento en las zonas íntimas cobraría sentido si hubiesen pecado con los órganos sexuales, debido a que el pecado, la contaminación, habría entrado por allí. Así que, se cubrieron la parte del cuerpo que habrían utilizado para pecar. Además, es notorio cómo Dios castiga a la mujer en las partes de su cuerpo donde ella pecó, es decir, en su vientre, en toda la zona reproductiva (multiplicaré en gran manera los dolores en tus preñeces) (Génesis 3:16).

Más interesante aún es si tenemos en cuenta las palabras mencionadas en la Biblia con relación al pecado de Adán y Eva: «Árbol», «comer», «fruto», «desnudo». ¿Recuerdas que te había pedido que retuvieras en tu mente este versículo?

> «El proceder de la mujer adúltera es así: Come, limpia su boca y dice: "No he hecho maldad"» (Proverbios 30:20).

Con claridad, en este contexto, comer simboliza la inmoralidad sexual y el adulterio. ¿Y con qué se come? Con la boca. ¿Y por qué se limpia? Porque intenta disimular que nada sucedió. Aquí el disimulo de Eva y Adán viene por taparse las partes íntimas, para de alguna forma intentar borrar el pecado cometido y esconderlo de Dios, como si eso fuera posible. ¡Pobres ingenuos!

Otro dato curioso es cuando Dios reprende a Eva: «Y tu deseo será para tu marido, y él se enseñoreará de ti» (Génesis 3:16). ¿Significa acaso que el deseo de Eva antes no fue para su marido? Entonces su pecado había sido desear (fornicar) con quien no era su marido (Satanás, la serpiente). Luego le dice a Eva (sobre Adán): «Él se enseñoreará de ti (te dominará)». Esto conlleva un delito vinculado con la autoridad de dominio que ejerció Eva sobre su marido, al persuadirlo para que también probara del fruto. ¿Podría ser que Adán hubiese participado en actos inmundos con Eva y la serpiente? ¿O habría acaso tenido relaciones sexuales con Eva, con finalidades distintas y de una forma diferente a la que Dios había dispuesto? No me atrevo a proferir ninguna afirmación de esto, únicamente surgen interrogantes. Me apego a lo que dice el siguiente versículo y que cada uno saque sus propias conclusiones.

> «Y tomó de su fruto, y comió; y dio también a su marido, y comió con ella» (Génesis 3:6).

¿Comprendes lo repugnante y horroroso que fue este pecado? ¿Comprendes lo doloroso y difícil que debe haber sido para Dios esta traición? Que sus amadas criaturas, las cuales amaba infinitamente como hijos, cometieran tal traición;[61] aun cuando

---

61 Dios, en su magnificencia, había creado criaturas dotadas de inteligencia y libertad para elegir: los ángeles y los seres humanos. Podría no haber creado nada, pero fue tan magnánimo que creó ángeles y hombres, a los cuales sometió a prueba. El mayor regalo que Dios nos dio fue el libre albedrío; sin él, la criatura sería un robot. Allí está la clave para la libertad y expresar lealtad y amor al Creador. Sin embargo, esto debe fluir libremente dentro de la criatura, jamás algo impuesto u obligatorio. La obediencia al Creador no como obligación, sino por respeto y amor. Los ángeles tuvieron su prueba, muchos no la pasaron, se deformaron espiritualmente, se transformaron de ángeles rebeldes a demonios y, finalmente, fueron expulsados del cielo, cayendo un tercio de toda la creación angélica. Aquí estamos delante de la primera gran traición a Dios de parte de su creación (los ángeles): a pesar del amor del Creador y del regalo de la vida, un tercio decidió seguir a una criatura (Lucifer) en lugar de a su Padre.

Posteriormente, Dios creó al hombre (Adán y Eva) para darles vida y convivir con ellos. Sin embargo, el hombre también lo traicionó: en cierto momento, pone a prueba a su nueva creación advirtiéndole sobre los peligros de desobedecerlo. Esta vez, con intervención de otra criatura (Lucifer/Satanás) nuevamente las criaturas

les había advertido que no «comieran» del fruto, pues los llevaría a la muerte (física y espiritual).

¿Entiendes también que el pecado de Adán y Eva engrandece aún más a Dios y su misericordia? Incluso así, de inmediato, elaboró un plan de redención para la humanidad.

> «¿Que Dios, como tú, perdona la maldad y olvida el pecado del remanente de su heredad? No retuvo para siempre su enojo, porque se deleita en misericordia. Él volverá a tener misericordia de nosotros, sepultará nuestras iniquidades y echará en lo profundo del mar todos nuestros pecados» (Miqueas 7:18-19).
>
> «Por tanto, Yahvé esperará para tener piedad de vosotros y, por tanto, será exaltado, teniendo de vosotros misericordia porque Yahvé es Dios justo. Bienaventurados todos los que confían en él» (Isaías 30:18).

¡Cuán grande es la misericordia de Dios!

---

deciden apartarse de Dios y traicionarlo. Esto le dolió mucho y decidió expulsarlos del Edén y de su presencia. Le habían traicionado una vez más. No obstante, por su bondad y misericordia, elaboró un plan de redención para la humanidad. ¿Por qué no hizo lo mismo con los ángeles? Porque en el caso de estos, la situación había sido distinta: la maldad había nacido dentro de ellos.

En el caso de Adán y Eva, había intervenido una tercera criatura mucho más astuta e inteligente que ellos (Nahash). Posteriormente, eligió a un pueblo, una nación para llamar su pueblo, el cual se mostró duro de cerviz y rebelde: «¡Jerusalén, Jerusalén, que matas a los profetas, y apedreas a los que te son enviados! ¡Cuántas veces quise juntar a tus hijos, como la gallina junta sus polluelos debajo de las alas, y no quisiste!» (Mateo 23:37). Sin embargo, su pueblo también lo traicionó, así como la humanidad entera no quiere saber de Él. Le da la espalda. Sin embargo, los llama al arrepentimiento una y otra vez: «Buscad a Yahvé mientras puede ser hallado, llamadle en tanto que está cercano. Deje el impío su camino, y el hombre inicuo sus pensamientos, y vuélvase a Yahvé, el cual tendrá de él misericordia, y al Dios nuestro, el cual será amplio en perdonar» (Isaías 55:6-7).

¿Por qué Satanás decidió seducir a Eva?

La clave para comprender las razones de tal decisión se remonta al odio que sienten los demonios por la humanidad. Nos aborrecen como creación amada de Dios. Detestan, además, la idea de que el Creador elaboró un plan de redención para los hombres; sin embargo, los ángeles caídos ya no tienen salvación, fueron definitivamente derrotados en la cruz de Cristo y están condenados por la eternidad: «Y despojando a los principados y a las potestades, los exhibió públicamente, triunfando sobre ellos en la cruz» (Colosenses 2:15-16). Odian a Dios, pero como no pueden hacerle ningún mal, han decidido descontar todo el odio que sienten por el Creador en los seres humanos.

Recordemos que, al momento de la creación de Adán y Eva, Satanás ya había sido expulsado del cielo junto con los ángeles caídos, quienes lo siguieron en la primera rebelión.[62] Tras haber sufrido el proceso de deformación espiritual, a medida que se desarrollaba su creciente monstruosidad, aumentaba el odio por Dios. Una vez expulsado del cielo, Satanás juró venganza, pero consciente de su imposibilidad de dañar de manera directa al Creador. Al ver la nueva creación de Dios y su amor por ella, decidió ejecutar el macabro plan de separar la criatura de su creador. El objetivo final de Satanás siempre ha sido enfrentar a Dios, hacerlo sufrir de alguna forma, llevándose almas humanas sin parar al infierno.

Gracias a eso, Satanás, a quien llamamos Nahash, serpiente astuta, de aspecto brillante, resplandeciente, hermoso y serpenteante, decide seducir y fecundar a Eva después de que ella se sentara a sus pies para aprender del conocimiento que le ofrecía.

---

62 Ver *Luz en la oscuridad: demonología moderna* (pp. 91-97).

El texto apócrifo *Libros olvidados del Edén* relata cómo Satanás y sus ángeles rebeldes fueron expulsados del cielo tras la rebelión y cayeron a la tierra, habitándola durante un tiempo, mucho antes que Adán fuese creado. También afirma que cuando cayeron a la tierra, esta se encontraba vacía, deshabitada y desordenada. Los demonios habitaron entonces el planeta, sin embargo, se hallaban en el evo, el tiempo espiritual, totalmente diferente del tiempo material de los humanos. El hombre creado era, por ende, intruso a los ojos de los demonios. Una vez creados los «intrusos» por Dios, Satanás habría utilizado el fuego y el agua para eliminarlos. A su vez, dicho texto relata que Satanás adquirió el aspecto de una bella mujer para corromper a Adán. Y, además, cuenta cómo algunas luces, tipo ovni, fueron uno de los instrumentos utilizados por los demonios.

Al fornicar y adulterar con la serpiente, Eva inauguraba una nueva era en la humanidad, era de contaminación física y espiritual a través de los pecados sexuales. Ella sería la primera mujer adúltera en la historia de la humanidad.

¿Qué logró Nahash seduciendo y fornicando con Eva?

- Provocó la ruptura de Adán y Eva con Dios, abrir un abismo entre criatura y Creador y, de alguna forma, hacer «sufrir» a Dios.
- Preñando a Eva, obtuvo una descendencia, que más tarde daría origen a la raza de víboras, parte del «linaje real».
- Contaminó, robó su virginidad, su inocencia y pureza espiritual a Eva.
- Produjo la caída de TODA la creación, incluso los animales y el planeta Tierra, que a partir de ese momento pasaría a gemir con regularidad.

- Rebajó a Eva al bestialismo (Satanás se había convertido en una bestia, mezcla entre serpiente y dragón), degradando su condición de ser humano a imagen y semejanza de Dios.
- Ensució el vientre de Eva, por lo que los descendientes que ella tuviera con su marido Adán llevarían consigo el pecado. De ahora en adelante, todo ser humano sería concebido en pecado.
- Sea lo que fuere que cometió Adán, participó de ese pecado, tal como indica la Biblia. De hecho, como cabeza del matrimonio, fue a él quien Dios atribuyó la mayor culpabilidad. Sin quitarle su parte de la responsabilidad, Eva era, de cierta forma, una víctima, en vista de que había caído en las trampas y seducciones de Nahash, una criatura angélica de extrema astucia e inteligencia, aunque Adán «comió del fruto» porque su esposa se lo ofreció.

Dualismo

En el Edén, habría sucedido entonces la primera contaminación por pecados sexuales. Dentro del mismo útero de Eva surge el concepto de dualismo,[63] donde se habría producido la primera contaminación, la cual afectaría a toda la humanidad y a sus siguientes generaciones. De hecho, uno de los símbolos más utilizados por la élite satánica es el dualismo y el patrón cuadriculado «masónico» de ajedrez, blanco y negro, pero también

63 Concepto importante para gnósticos, luciferinos, ocultistas y religiones orientales. Según el dualismo, todo tiene su opuesto: bondad y maldad, blanco y negro, luz y oscuridad, positivo y negativo, izquierda y derecha, masculino y femenino. Según ellos, los opuestos interactúan para crear algo nuevo. Sin el uno, no hay el otro, y no hay creación.

el *yin yang.*[64] El mismo Baphomet[65] remite a ese dualismo presente en el satanismo, ocultismo, gnosticismo y luciferismo, al presentar una horrenda criatura con características masculinas y femeninas.

¿Sería este símbolo una representación del vientre de Eva? No es descabellado, pues sería el punto de origen de este dualismo y donde la semilla de Adán y la serpiente/dragón compartirían un mismo útero.

Sangre menstrual

Debido a lo sucedido con Eva, la élite afirma que el linaje «real» se perpetúa por línea femenina. Y esta sería la razón por la cual, dentro de los rituales de la élite, la sangre menstrual cobra vital importancia. Para ellos, la menstruación representa (además del proceso biológico obvio) una limpieza de la matriz que sucede todos los meses. La sangre, en este contexto, significa purificación pero, además, veremos cómo es, al mismo tiempo, un alimento para los híbridos.

---

64 *Yin* y *yang* son conceptos del taoísmo, utilizados para referirse a la dualidad de todo lo que existe en el Universo. Son además dos fuerzas opuestas y complementarias halladas en todas las cosas. *Yin* es el principio femenino (oscuridad, pasividad, tierra); *yang* es el principio masculino (luz, actividad).

65 En *Demonios del sexo: íncubos y súcubos. Demonología y sexualidad* explico que Baphomet es un ser andrógino, con cuerpo de hombre y pechos de mujer, cabeza y patas de macho cabrío y grandes alas negras. En su frente aparece el símbolo del pentagrama con la punta hacia arriba; además realiza gestos ocultistas con las manos (como es arriba es abajo, propio del hermetismo), de las cuales, una de ellas, muestra la luna blanca y abajo a la luna negra (patrón blanco y negro, dualidad y opuestos). En medio de sus piernas lleva el caduceo de Hermes, vara rodeada por dos serpientes que forman el símbolo del infinito, representando la lucha eterna entre fuerzas equivalentes (el bien y el mal). La antorcha de la iluminación entre sus cuernos simboliza la luz de Lucifer. Uno de sus brazos es masculino y el otro femenino, en los que lleva escrito en latín *solve* ('separar') y *coagula* ('unir'), es decir, 'atar y desatar'.

Por el contrario, la Biblia indica que mientras una mujer menstrúa, se halla impura para su marido.

> «Cuando la mujer tuviere flujo de sangre, y su flujo fuere en su cuerpo, siete días estará apartada; y cualquiera que la tocare será inmundo hasta la noche» (Levítico 15).

Para la raza de víboras, la sangre menstrual representa el recuerdo de lo que sucedió en el Edén y supone una victoria[66] para Satanás. Se utiliza en magia, satanismo y ocultismo, donde la beben y la usan para representar lo que sucedió en el vientre de Eva. Es, a nivel simbólico, una victoria del enemigo, del dragón, debido a que esta purificación sucedió después de que la matriz de Eva fuese contaminada por el dragón/serpiente y su simiente.

Hijo de Nahash

Hemos llegado a un punto clave para comprender el origen de la raza de víboras. Esta se compone de dos linajes: uno de ellos deriva de la simiente de la serpiente y tuvo su origen en el Edén, con Caín, descendiente directo de Nahash. El otro deriva de los ángeles caídos y se relaciona con la mezcla entre ellos y mujeres humanas en Génesis 6.

---

66 El haber generado un hibrido (Caín) supuso una victoria provisoria para Nahash, ya que logró corromper el ADN humano y provocar la caída de la humanidad. Sin embargo, la venida de Jesucristo y su sacrificio en la cruz del calvario, derrotó definitivamente a todos los demonios, incluyendo al enemigo de la humanidad: «os dio vida juntamente con él, perdonándoos todos los pecados, anulando el acta de los decretos que había contra nosotros, que nos era contraria, quitándola de en medio y clavándola en la cruz, y despojando a los principados y a las potestades, los exhibió públicamente, triunfando sobre ellos en la cruz» (Colosenses 2:14-15).

En la mayor parte de las versiones de la Biblia encontramos que dice sobre Caín: «era del Maligno». No obstante, en la versión *Vulgata Latina* menciona con claridad: «No como Caín, el cual era hijo del maligno espíritu» (1 Juan 3:12). Caín no tenía la misma naturaleza que Adán, tampoco de Abel ni Set, sino que fue el primer homicida, el primer mentiroso y (según indican algunos textos) el primer vampiro y promiscuo.

En algunos textos del judaísmo es posible encontrar manifestaciones de encratismo,[67] cuyo origen se remonta a tradiciones antiguas que vinculan el conocimiento con la sexualidad. Un escritor judío del siglo VIII, al hablar sobre el árbol de la ciencia, dijo: «He aquí lo que enseña el rabino Zehira. Escrito está en Génesis 3:3: "No comeréis del fruto del árbol que está en el medio del jardín"». No obstante, no se trata propiamente de un árbol, sino de un hombre. En Deuteronomio 20:19, el hombre es como el árbol de un campo. En cuanto a las palabras que está en el medio del jardín, no han de entenderse del jardín de Edén, sino del cuerpo en medio del huerto, en medio de la mujer. En Cantares 4:2, vemos cómo un jardín es comparado a la mujer: «Eres huerto cerrado, hermana y novia mía, huerto cerrado, fuente sellada». Además, un jardín es una tierra donde se siembra, es decir, donde la simiente germina y produce fruto. A continuación, describe el adulterio de Eva con la serpiente: «Samael, cabalgando sobre la serpiente, vino a la mujer y ella concibió, luego Adán vino a ella y Eva concibió a Abel».

---

67 A mitad del siglo II surge una doctrina considerada hereje y llamada encratismo. Se refiere a la moderación y la continencia. Profesaban el ascetismo, y la prohibición de comer carne y beber vino, además de una fuerte oposición al matrimonio.

Otros textos judíos designan a la serpiente como el que delata a su Creador, es decir, informa con falsedad o acusa solapadamente. Además, para ellos, la serpiente sería Samael, el ángel de la muerte, de quien Eva concibió a Caín: «Y vio la mujer a Samael, el ángel de la muerte, y temió y conoció que el árbol era bueno para comer y medicina para los ojos. Adán supo que Eva, su mujer, había concebido del ángel Samael, quedó encinta y parió a Caín, quien se parece a los de arriba y no a los de abajo. Dijo: "He adquirido un varón del ángel de Yahvé"». Adán tenía ciento treinta años cuando engendró a Set, semejante a su imagen y apariencia: «Y vivió Adán ciento treinta años, y engendró un hijo a su semejanza, conforme a su imagen, y llamó su nombre Set» (Génesis 5:3). Según estos textos judíos, la aclaración de que Set era conforme a la imagen de Adán se justifica porque, con anterioridad, Eva había dado a luz a Caín, quien no era de Adán ni se le parecía.

¿Quién es Samael?

Los tárgum eran interpretaciones en arameo de la Torah, compilada por judíos desde finales del segundo templo hasta principios de la Edad Media. La palabra aramea *targum* significa 'interpretación'. Allí dice: «Y Adán conoció a Eva, su esposa, quien fue preñada por el ángel Samael. Ella concibió y dio a luz a Caín; y él fue como los seres celestiales y no como los terrenales. Y ella dijo: "He adquirido un hombre con el ángel del Señor"».

Entonces, la serpiente/dragón, que en algunos textos judíos antiguos era llamado Samael, tuvo un fruto engendrado en Eva, quien es Caín, patriarca de uno de los linajes: «sangre azul» o linaje real, que hasta el día de hoy gobierna el mundo. El nombre Samael no es mencionado en los textos canónicos de la Biblia, por lo que las fuentes serán extrabíblicas. Según diversas fuentes, fue un ángel, de la más alta jerarquía, quien se rebeló contra Dios y a quien, en algunas culturas, se le atribuye la culpa de la caída de Adán y Eva. Considerado como el ángel de la muerte para la tradición judía, su nombre en hebreo se traduce como 'veneno de Dios' o 'ceguera de Dios'. Conforme algunas tradiciones, Samael no era un arcángel, sino un serafín, ángel de la más alta jerarquía, quien se encuentra alrededor del trono y de esencia divina, hermosa, de hecho, de los más bellos de todos los ángeles del cielo. Por causa de su hermosura, los demás ángeles lo llamaban «pequeño Yahveh».

En el Talmud, Samael es el ángel guardián de Esaú. De acuerdo con la cábala, es el esposo de Lilith, primera esposa de Adán, con la que engendró numerosos demonios para que poblaran el mundo. Según algunos manuscritos, Samael es «el dios ciego» y es representado como una serpiente con rostro de león. Otro de los nombres con los que es reconocido en el gnosticismo es Ariael. En el Libro de Enoc, Samael es uno de los primeros ángeles que se rebelaron contra Dios. También habría pertenecido al grupo de los «grigori» o vigilantes, los llamados «hijos de Elohim». En el «Apocalipsis griego de Baruc», se le asocia, de manera directa, con el pecado original, donde dice que Samael, celoso de Adán, plantó el árbol del bien y del mal para hacerlo caer en tentación. La historia llega a decir que la serpiente era en realidad Samael, quien adquirió un bello aspecto para convencer a Eva. Recordemos que, en algunas tradiciones, Samael era representado como una serpiente con cara de León. En un texto del islam, se explica que la envidia de Samael por Adán radicaba en el amor que Dios sentía por él, quien estaba hecho de polvo, mientras él era un ángel hecho de fuego. Asimismo, el texto afirma que Caín no es hijo de Adán, sino de Samael.

Carne extraña, carne diferente

En anteriores volúmenes de mi autoría menciono el castigo que Dios impuso a aquellos ángeles que se mezclaron con humanas en la era antediluviana.

> «Y a los ángeles que no guardaron su dignidad, sino que abandonaron su propia morada, los ha guardado bajo oscuridad, en prisiones eternas, para el juicio del Gran Día» (Judas 1:6).

El versículo refiere al hecho de que algunos ángeles no se mantuvieron dentro de su propio dominio, sino que abandonaron el lugar de residencia (dimensión) y, como castigo, los ha mantenido en cadenas eternas en la más absoluta oscuridad, encerrados para el juicio del Gran Día.

De la misma manera, Sodoma y Gomorra y las ciudades vecinas se entregaron a la inmoralidad sexual, persiguiendo deseos antinaturales. Y de una manera similar a estos ángeles, ahora se muestran como un ejemplo a sufrir el castigo del fuego eterno.

En Judas 6-7 de la versión LBLA, podemos leer:

> «Así, también Sodoma y Gomorra y las ciudades circunvecinas, a semejanza de aquellos, puesto que ellas se corrompieron y siguieron carne extraña, son exhibidas como ejemplo a sufrir el castigo del fuego eterno».

En la versión LBLA, es de las pocas que menciona este interesante término. La carne extraña[68] significa otra especie no

68 Otra carne, no la misma carne humana.

humana, por ende, angélica. En Judas 6, los ángeles tenían relaciones sexuales, a nivel heterosexual, con mujeres, produciendo una descendencia híbrida, con lo que sería el otro linaje real que dominaría al mundo.

No obstante, en Judas 7 y Génesis 19, dice que los hombres querían tener relaciones sexuales con ángeles:

> «Como Sodoma y Gomorra y las ciudades vecinas, las cuales de la misma manera que aquellos, habiendo fornicado e ido en pos de vicios contra naturaleza, fueron puestas, por ejemplo, sufriendo el castigo del fuego eterno» (Judas 7).
>
> «Los hombres de la ciudad, los varones de Sodoma, todo el pueblo junto, desde el más joven hasta el más viejo. Y llamaron a Lot y le dijeron: "¿Dónde están los varones que vinieron a ti esta noche? Sácalos para que los conozcamos"»[69] (Génesis 19:4).

En ambos casos, esta fornicación fue identificada no en contexto de carne humana, sino más bien de carne diferente, carne extraña, debido a su conexión con los ángeles.

Por otro lado, la parábola descrita en Mateo 13:24 nos indica que el trigo y la cizaña continúan creciendo juntos hoy día, pero pronto la cizaña será cortada y lanzada al fuego. Sabemos que el trigo simboliza al pueblo de Dios, a los creyentes, aunque también a los descendientes de la simiente de Adán. Por el contrario, la cizaña remite a los incrédulos, a todos aquellos alejados de

---

69 *Conocer*, en la Biblia, se refiere a mantener relaciones sexuales. Recordemos cuando Adán conoció a Eva, su mujer.

Dios y a los cristianos tibios y apostatas; pero, en este contexto, también a los pertenecientes a la raza de víboras. En el Edén, la serpiente fue la carne extraña, así como los ángeles caídos fueron la carne extraña cuando se mezclaron con mujeres. Además, a nivel simbólico, trigo y cizaña se refieren a la eterna batalla entre las dos simientes.[70]

Dicha enemistad entre ambos linajes (descendientes de Adán vs. raza de víboras) fue decretada por Dios desde el comienzo de los tiempos. Sabemos que el linaje de los ángeles caídos (nefilim), de alguna forma,[71] continuó después del diluvio universal, ya que en Sumeria existían, de nuevo, gigantes aunque en menor medida. Y el linaje de la serpiente también continuó existiendo, en vista de que, aunque Caín fue destruido, su descendencia continuaría a través de Cam y la esposa de Noé, de cuya mezcla nacería Canaán. La buena simiente y el trigo son los descendientes de Adán, puros y humanos a nivel genético. De manera simbólica, la iglesia verdadera de Cristo también es el trigo. Por el contrario, la cizaña representa a los incrédulos, no creyentes y alejados de Dios, aunque en este contexto, la raza de víboras.[72]

---

70 Dos simientes en guerra son mencionadas en la Biblia (simiente de Adán vs. simiente de la serpiente). Sin embargo, cuando hablamos de la simiente de la serpiente, se incluye en realidad a toda la raza de víboras, compuesta por los descendientes de Nahash, pero también los descendientes de los ángeles caídos. En definitiva, ambos linajes de la raza de víboras pertenecen a una misma raza, ya que son producto de la mezcla entre ángeles y humanos.

71 Probablemente mediante manipulación genética.

72 Esto no implica que los descendientes de Adán y Eva, aunque puros genéticamente, no puedan corromperse y alejarse de Dios. De hecho, son dos cosas totalmente diferentes. Así como algunos conectados, por genética, con la simiente de la serpiente no necesariamente están condenados al infierno, pueden optar por arrepentirse y acercarse a Dios. De la misma forma, millones de humanos descendientes de Adán y Eva han optado por alejarse de Dios y entregarse al Maligno.

El fruto que comió Eva no habría sido entonces un fruto literal, sino un pecado abominable, como cometer adulterio con carne extraña, es decir, con un ser de otra especie: un ángel caído.

¿Cómo es posible que una humana pueda aparearse y quedar encinta de una criatura espiritual? Para muchos, esto no tiene sentido. Sin embargo, la historia no es tan sencilla, pues Satanás es un ángel caído, idéntico a los demás ángeles que descendieron en el monte Hermón y luego copularon con humanas, dando origen a su descendencia de gigantes.[73] Es entonces la propia Biblia la que confirma que la unión sexual entre ángeles y humanos es posible, tal y como hemos visto en varias oportunidades en Génesis 6.[74]

Pero volviendo a Judas 7: «Como Sodoma y Gomorra y las ciudades vecinas, las cuales de la misma manera que aquellos, habiendo fornicado e ido en pos de vicios contra naturaleza», en Reina Valera (1960) se ha traducido como «vicios contra naturaleza», pero en la versión de 1909 se traduce como «carne extraña». En Reina Valera, versión de Stampley (1979), también se traduce como «carne extraña».

---

73 Estos ángeles que cometieron este pecado se los llamó los vigilantes, los cuales formaban un grupo de doscientos y tenían por líder a Shemihaza. Al descender en el monte Hermón, hicieron pacto de cohabitar con mujeres humanas para crear su descendencia. El monte Hermón, que en arameo significa 'montaña del jefe', es un grupo de cumbres conformado por tres diferentes cimas y que, actualmente, es frontera entre Siria y Líbano. La ubicación geográfica de este monte se encuentra justamente en el paralelo 33, que corresponde a los 33 grados de latitud al norte del ecuador. Lo curioso es que ese mismo paralelo 33, pero en dirección opuesta, nos lleva a Nuevo México, específicamente Roswell (ver *Mensajeros del engaño: demonios en piel alienígena*, pp. 40-42). ¿Podrían, acaso, ser un portal ambos? El número 33 es de fundamental importancia para el ocultismo, el esoterismo, la numerología ocultista y las sociedades secretas como la masonería. En resumen, para la élite, pues simboliza, entre otras cosas, la evolución de la conciencia y la iluminación.

74 Para más información, leer *Mensajeros del engaño: demonios en piel alienígena* (pp. 94 y 95).

Sea como fuere, la evidencia bíblica nos permite asegurar que en Génesis 6, y luego en Judas 6, se alude a las relaciones sexuales con los ángeles. Por tanto, si los ángeles caídos pudieron copular con humanas, Satanás podría haber copulado a la perfección con Eva. En este caso, él es la carne extraña y, aunque se describe como serpiente (dragón mezclado con serpiente, su verdadero aspecto al materializarse en esta dimensión), es probable que no haya estado con esa apariencia para presentarse ante ella, sino como alguien bello y seductor. Por supuesto, esto tampoco podemos asegurarlo, solo especularlo.

El Devorador

Sabemos que Satanás aprovecha las tinieblas de la confusión, que él mismo elabora y esparce, para buscar a los hombres débiles y sin piedad despedazarlos y devorarlos: «Sed sobrios, y velad; porque vuestro adversario el diablo, como león rugiente, anda alrededor buscando a quien devorar» (1 Pedro 5:8).

El Devorador de almas mata a los hombres, haciéndoles caer en el pecado. Tienta, pero no puede obligar a pecar. Si bien el diablo usa infinidad de artimañas para causar el tropiezo, hay una muy sutil y especial que maneja a la perfección, y consiste en hacer pecar a los hombres, tratándolos de engañar con la misma palabra de Dios.

Pero regresemos al preciso instante cuando Dios maldice a Nahash al descubrir lo que había hecho.

> «Por cuanto esto hiciste, maldita serás entre todas las bestias y entre todos los animales del campo; sobre tu pecho andarás, y polvo comerás todos los días de tu vida» (Génesis 3:14).

Vemos cómo Dios la maldice, condenándola a ser un reptil odioso y repugnante. De andar erguida pasó a arrastrarse sobre su pecho. De hablar con engaño y seducción pasó a lamerse la boca de polvo.

¿Pero sabes quién es polvo? El hombre.

> «Entonces Yahveh Dios formó al hombre del polvo de la tierra, y sopló en su nariz aliento de vida, y fue el hombre un ser viviente» (Génesis 2:7).

Sabemos que Satanás es, espiritualmente hablando, un devorador de almas, un devorador de vidas que encuentra su alimento en las almas de los seres humanos que puede devorar. Sin embargo, ¿qué tal si, además de algo simbólico, «devorar» fuese tomado más adelante como algo literal? No me refiero a que Dios haya condenado a Satanás al canibalismo. ¿Podría esta maldición haber derivado en algo así? ¿Por qué crees que en rituales de la élite se bebe sangre y se come carne humana?

Desde los albores de la humanidad, estos rituales han sido practicados en diferentes culturas, siempre por pedido y exigencia «de los dioses». En la actualidad, estos rituales continúan realizándose, de hecho, jamás han dejado de practicarse. Es horrendo, repugnante, lo sé, pero es la verdad. ¿Podría entonces el canibalismo[75] haberse originado, de manera simbólica, en el Edén y luego, con los descendientes de la raza de víboras, pasar a concretarse como una práctica abominable en sentido literal?

Si nuestro razonamiento es correcto, habría sido el Edén el origen del concepto teórico de canibalismo, el cual se habría

75 La antropofagia o el canibalismo es el acto de comer carne humana por humanos.

concretado en la práctica con los descendientes de Nahash. Así pues, la «comida» de la serpiente pasaría a ser el hombre. Isaías 65:25 indica: «El polvo será el alimento de la serpiente».

¿Sería entonces posible que la raza de víboras haya estado todos estos miles de años devorándose a la humanidad de forma literal?

Raza de víboras y canibalismo

Aunque la Biblia no menciona, de manera explícita, la palabra canibalismo, el concepto de comer carne humana sí está presente y se muestra como un terrible pecado. Aunque en Génesis 6 esto no es mencionado, en el Libro de Enoc se revela que los gigantes nefilim, producto de la mezcla entre ángeles rebeldes y humanas, bebían sangre y comían carne humana. Asimismo, después del diluvio, Dios le dio a Noé el permiso para comer carne: «Todo lo que vive y se mueve será alimento para ti. Así como te di las plantas verdes, ahora te doy todo» (Génesis 9:3). Sin embargo, Dios especifica que el alimento no incluye otros seres humanos, así como tampoco incluye comer carne cruda de animales, es decir, carne sangrante.

> «Pero carne con su vida, que es su sangre, no comeréis. Porque ciertamente demandaré la sangre de vuestras vidas; de mano de todo animal la demandaré, y de mano del hombre; de mano del varón su hermano demandaré la vida del hombre. El que derramare sangre de hombre, por el hombre su sangre será derramada; porque a imagen de Dios es hecho el hombre» (Génesis 9:4-6).

El canibalismo es mencionado en algunos versículos de las Sagradas Escrituras como Levítico 26:29, Jeremías 19:9,

Deuteronomio 28:53-57, Lamentaciones 2:20 y 4:10, Ezequiel 5:10 y en cada ocasión la práctica se considera como una horrible maldición. Moisés y otros profetizaron que, si los israelitas se alejaban de Dios, caerían en una degradación tan horrible como para canibalizar a sus propios hijos. Lamentablemente, así sucedió y estas profecías se cumplieron durante el asedio de Samaria, en el reinado del rey Jehoram (2 Reyes 6:28-29). El canibalismo fue el horror físico que acompañó al horror espiritual de la apostasía del pueblo hebreo.

En muchas culturas paganas, el canibalismo era practicado, y no me refiero solo a tribus indígenas. Algunos pueblos pensaban que, al devorar la carne de sus enemigos, incorporarían la fuerza vital de los mismos. Esa costumbre bárbara y despreciable fue instaurada por el Maligno con la finalidad de ir contra los mandamientos de Dios. En los pueblos paganos no se encaraba al canibalismo como lo que es: un acto terrible que va contra Dios, sino que, por el contrario, era tenido como un acto de respeto hacia los enemigos, en vista de que con eso buscaban absorber su energía, su vida y sus habilidades.[76]

Por tradición, el canibalismo formaba parte de ceremonias religiosas de culto a los «dioses» demonios. Por consiguiente, no solo el acto en sí es abominable, sino que también la razón detrás del acto es horrenda. Tribus indígenas comían la carne de los miembros de la familia ya fallecidos, pensando que, al hacerlo, permitiría revivir a las almas de quienes murieron. Sin embargo, sabemos que una vez la persona fallece, el alma no permanece

76 Con el canibalismo (como con todo lo instaurado por el enemigo), Satanás buscaba justificar prácticas abominables, presentándolo como algo apropiado y correcto, propio de la cultura que lo practicaba con la creencia de que, al cometer asesinato, se absorbía la energía del fallecido.

en el cuerpo. Todas estas «costumbres paganas y cultos» eran terribles y abominables; sin embargo, ellos le daban una connotación que a sus ojos era saludable. ¿Percibes cómo el Maligno invierte los conceptos y llama bien al mal y mal al bien? Así es como trabaja.

El Antiguo Testamento relaciona estrechamente el canibalismo con las últimas etapas del juicio de Dios, calificándolo como una práctica detestable y diabólica. De hecho, tanto en la antigüedad como en la actualidad, esta abominación se sigue vinculando a ritos satánicos. La diabólica y nauseabunda práctica de beber sangre y comer carne humana es muy practicada por satanistas y, por supuesto, en rituales de la élite satánica, donde, además de beber sangre, comen carne de fetos abortados.

Tanto los descendientes de la serpiente como los descendientes de los nefilim incluían (incluyen) ambas abominaciones. De Caín se afirma que habría sido el primer vampiro, el primer híbrido a cometer un ritual de sacrificio de sangre. Y los gigantes, primera descendencia de los ángeles caídos, eran malvados y pervertidos, pero además comían carne humana y bebían sangre. Ellos pecaban contra todo, devoraban humanos, animales y la tierra estaba cubierta de sangre.

> «¿No tienen discernimiento todos los que hacen iniquidad, que devoran a mi pueblo como si comiesen pan, ¿y a Yahvé no invocan?» (Salmos 14:4).
>
> «Sacrificaron a sus hijos y a sus hijas a los demonios, y derramaron la sangre inocente, la sangre de sus hijos y de sus hijas, que ofrecieron en sacrificio a los ídolos de Canaán, y la tierra fue contaminada con sangre» (Salmos 106:37-38).

La raza de víboras originó las civilizaciones, volviéndolas un centro de culto para los ángeles caídos, llamados por ellos mismos como «dioses», a los cuales había que complacer a toda costa con ofrendas, sacrificios y rituales. Todas las culturas y grandes civilizaciones en la antigüedad (y en la época actual), como la egipcia, babilónica, azteca, inca, maya, etc., han sido muy idolatras, donde se ha rendido culto a dioses (demonios) que exigían sacrificios de sangre. Una de ellas fue la egipcia. El Libro de los Muertos egipcio dice: «He aquí, pues, Dios, esta gran matanza poderosa de terror, él se lava en tu sangre, se baña en tu sangre».

Canibalismo e infanticidio
Culto a Cronos, Saturno, Moloch

Moloch/Moloch Baal (Milcom) fue un dios (demonio) de los fenicios o cananeos. Lo consideraban el símbolo del fuego purificante y antecedente directo del culto a Cronos, en la antigua Grecia, y a Saturno, en el Imperio romano. Creían que, debido a una catástrofe al comienzo de los tiempos, ese espíritu se había convertido en oscuridad al hacerse materia. El hombre era la encarnación de tal tragedia y para redimirse de ese pecado era preciso ofrecer sacrificios a Moloch inmolando bebés por ser considerados los más impregnados de materia.

El culto a Saturno/Cronos/Moloch continúa hasta los días actuales. Aparentemente, son deidades (demonios) diferentes, sin embargo, se trata de los mismos con distintos nombres. Intentando justificar prácticas abominables y diabólicas, los sacerdotes de Moloch sostenían que los sacrificios de niños servían para fertilizar la tierra. Por eso erguían una diabólica estatua con las manos extendidas y sobre un brasero de bronce brotaban las llamas que devoraban a los niños.

Con relación a estos horrendos crímenes de ofrenda al demonio, describían que cuando las llamas alcanzaban el cuerpecito de los inocentes niños, sus miembros se contraían y la boca abierta casi parecía estar sonriendo, hasta el momento en el que se deslizaba, resbalándose hasta el fondo del brasero. Esa mueca la llamaban «risa sardónica» porque era como si sonrieran al morir. No creo que exista otra palabra para describir esta abominación que no sea «diabólico».[77]

Este demonio era representado por una gigantesca estatua de bronce, con aspecto humano y cabeza de becerro o carnero, sentado en un trono con una corona o báculo distintivo de la realeza. La enorme estatua de bronce era hueca, tenía la boca abierta, los brazos extendidos, las manos juntas y las palmas hacia arriba, indicando lo dispuesto que estaba a recibir el holocausto. Dentro de la estatua se encendía un fuego que se alimentaba de forma continua. En ocasiones, los brazos estaban articulados de manera que los niños que servían de sacrificio se depositaban en las manos de la estatua, que por medio de cadenas se levantaban hasta la boca, introduciendo a la víctima dentro del vientre incandescente del demonio. Para ocultar el grito de los niños y disimular el horror de la situación, los sacerdotes endemoniados hacían tocar trompetas y tambores. La historia grecorromana de Cronos/Saturno devorándose a sus hijos se vincula directamente con el culto a Moloch.

77 Recordemos lo que la Biblia nos enseña sobre los niños, la inocencia, la pureza y su estrecha conexión con Jesucristo: «Dejad a los niños venir a mí, y no se lo impidáis; porque de los tales es el reino de los cielos» (Mateo 19:14). Este acto era y es, además, una constante declaración de guerra, rebeldía y maldad de los demonios hacia Dios y Jesucristo.

Aunque era terrorífico y diabólico, algunos respirarán aliviados por pensar que tales prácticas han quedado en el pasado. Nada más alejado de la realidad. Estos actos diabólicos jamás se han detenido. Los sacrificios de niños y bebés en las sectas satánicas y círculos de la élite se han mantenido ininterrumpidos a lo largo de estos miles de años.

Pero, además, se ha sumado otra forma de culto a Moloch, cada vez más practicada y para muchos insospechada como ofrenda a este demonio: el aborto, disfrazado de falsos derechos como la libertad de las mujeres sobre su propio cuerpo. ¿Y los derechos de esa criatura inocente que se está formando en su vientre y que no pidió existir? Ese bebé es alguien por completo distinto a ella, aunque se aloje en su seno y dependa de ella para vivir. Nadie tiene derecho a decidir sobre la vida de otra persona, máxime si esta es del todo indefensa e inocente. El aborto forma parte de la agenda de la élite, por una parte, por contribuir a la despoblación del mundo y, por otra parte, como sacrificio y ofrenda para su dios Moloch. No obstante, la legalización del aborto en varios países proporciona gigantescas cantidades de bebés abortados, quienes son devorados en rituales satánicos por la raza de víboras.

Por supuesto que Dios se había pronunciado en contra de esta abominación, condenando la práctica de pasar los hijos por el fuego. Los amonitas y cananeos practicaban el culto a Moloch y, en ciertas ocasiones, los israelitas también lo hicieron. El culto a este demonio se realizaba en el valle de Hinnom, cerca de Jerusalén. Por este motivo, el valle se asoció a la idea de Tofet, o infierno (Isaías 30:33, Jeremías 19:12 y Marcos 9:45). Dios le prohibió a Israel el sacrificio de niños en general y la adoración de Moloch.

> «Y no des hijo tuyo para ofrecerlo por fuego a Moloc; no contamines así el nombre de tu Dios. Yo, Yahvé» (Levítico 18:21).

En Levítico 20:2-5 se dice: «Dirás asimismo a los hijos de Israel: "Cualquier varón de los hijos de Israel, o de los extranjeros que moran en Israel, que ofreciere alguno de sus hijos a Moloc, de seguro morirá; el pueblo de la tierra lo apedreará. Y yo pondré mi rostro contra el tal varón, y lo cortaré de entre su pueblo, por cuanto dio de sus hijos a Moloc, contaminando mi santuario y profanando mi santo nombre. Si el pueblo de la tierra cerrare sus ojos respecto de aquel varón que hubiere dado de sus hijos a Moloc, para no matarle, entonces yo pondré mi rostro contra aquel varón y contra su familia, y le cortaré de entre su pueblo, con todos los que fornicaron en pos de él prostituyéndose con Moloc"».

Muchos otros pasajes del Antiguo Testamento ratifican que Dios aborrece el sacrificio de niños (Deuteronomio 18:10).

Un aproximado de cincuenta millones de bebés inocentes vienen siendo asesinados cada año en el mundo, en el vientre de sus propias madres. Ese bebé que debería ser esperado por la madre con un amor sin límites es inmolado, no en el horno ardiente de Moloch, sino en una sala fría de algún hospital o de consultorios clandestinos. El médico se convierte en el sacerdote del demonio. El Estado, que debería garantizar el primero de los derechos, que es el de la vida y castigar a los asesinos de inocentes, niega el derecho a vivir y autoriza matar de manera impune, siguiendo la agenda impuesta por la élite que controla al mundo.

Por todo lo dicho, el nuevo culto al demonio Moloch es el aborto. Es tan cruel hoy como en el pasado; tan inhumano, irracional y diabólico como en aquellos tiempos bárbaros. Dios pedirá cuentas de tanto horror, perversidad y sangre inocente derramada que clama venganza al cielo.

Saturno devorando a sus hijos

El culto a Moloch dio origen a Cronos en la mitología griega. Este es el hijo de Urano (el cielo) y de Gea (la tierra).[78] Cuenta la leyenda que, con la ayuda de su madre, Cronos (dios del tiempo) atacó y castró con una hoz a su padre y así gobernó el universo. Luego de destronar a su padre, y habiéndose casado con su hermana Rea, asumió el reino de los dioses (demonios). Al saber que estaba destinado a ser derrocado por uno de sus hijos, decidió devorarlos a todos nada más naciesen. No obstante, el sexto hijo (Zeus) fue escondido por su madre en un intento desesperado por salvar, por lo menos, a uno de sus hijos. Pensando que estaba devorando al más pequeño de sus retoños, Cronos se tragó una piedra envuelta en pañales, la cual el pequeño Zeus utilizó para abrir el vientre de su padre. Zeus liberó a sus hermanos y, tras una guerra cruel y prolongada, lograron derrotar a Cronos (Saturno en la mitología romana).

Los antiguos romanos estaban muy influenciados por la cultura griega y adoptaron varios de sus dioses (demonios) como propios. Uno de ellos fue justamente Saturno, versión romana de Cronos. Saturno, mientras devora a sus hijos, ha sido representado en muchas ocasiones, produciendo una de las obras más famosas de Peter Paul Rubens en 1638. La obra retrata a cabalidad lo diabólico del acto y la escena es sumamente violenta. Saturno, semidesnudo, con mirada diabólica, largas barbas y cabello color gris, da un espantoso mordisco, tan terrorífico como

78 Culto a Gaia, Madre Tierra, Madre Naturaleza, Pachamama.

la cara de dolor que pone el pobre bebé. En la parte superior del lienzo aparecen tres estrellas de seis puntas[79] (hexagrama),[80] que representan al planeta Saturno. En ese entonces (siglo XVII), aún no se habían descubierto sus anillos y parecían tres estrellas alineadas, formando el número 666 con mucha claridad.

Francisco Goya, el artista de origen español, fue el autor de la conocida pintura al óleo sobre revoco *Saturno devorando a sus hijos*. Pertenece a las pinturas negras que forman parte de un grupo de catorce pinturas con temática oscura, en vista de que el pintor usó pigmentos oscuros para realizar cada obra.

El gran lienzo estampa a un dios (demonio) desnudo, anciano, con una larga barba y cabellos grises. Su mirada diabólica fuera de sí y su aspecto monstruoso con extremidades desproporcionadas configura una imagen terrorífica. Además, aparece devorando a su hijo con el cuerpo todo ensangrentado. Moloch, Cronos y Saturno es el mismo demonio, relacionado con el sacrificio de niños, el canibalismo y el infanticidio.

La obra de Goya se destaca por la mirada de Saturno, debido a que es una mirada de locura diabólica, donde mastica el cuerpo lleno de sangre de su hijo, al que toma con fuerza, puesto que se observa cómo introduce sus dedos dentro del cuerpo. También se percibe que el cuerpo del hijo devorado pertenece a una persona adulta, en contra posición de la obra de Rubens vista con

---

79 Se forma el número de la bestia 666: «Aquí hay sabiduría. El que tiene entendimiento, cuente el número de la bestia, pues es número de hombre. Y su número es seiscientos sesenta y seis» (Apocalipsis 13:18).

80 La estrella de seis puntas, el hexagrama (equivocadamente llamada estrella de David), está estrechamente relacionada con el culto a Moloch. En la Biblia, se la conoce como estrella de Renfán: «Antes bien llevasteis el tabernáculo de Moloch, y la estrella de vuestro dios Renfán, figuras que os hicisteis para adorarlas. Os transportaré, pues, más allá de Babilonia» (Hechos 7:43).

anterioridad, la cual, a mi parecer, es un tanto más cruel que lo plasmado por Francisco Goya, pues se trata de un bebé.

Existe un detalle diabólico que me gustaría comentarles acerca de esta obra. Cuenta una leyenda que Goya pintó, al inicio, al dios Saturno con el pene erecto mientras este se comía a su hijo, aunque esto se fue perdiendo por el deterioro que estaba sufriendo el mural o cuando se realizó la transferencia al lienzo. De todas formas, el pintor habría terminado autocensurándose por considerar que este último detalle sería demasiado diabólico y optó por borrar esa parte de la obra, en vista de que esta fue realizada en una parte de la casa del pintor, conocida como la Quinta del Sordo, para la decoración. Esta era la casa de campo del afamado pintor que se encontraba en las afueras de la ciudad de Madrid. El lugar fue comprado en el año 1819. Es importante aclarar que las catorce obras fueron pintadas en esa casa en dos habitaciones: en la planta de abajo y en la superior.

Estas obras fueron realizadas directamente en la pared y no fueron utilizadas las técnicas al fresco, sino que en las mezclas de las pinturas utilizó óleo. Es allí donde se encuentra el mencionado cuadro Saturno devorando a sus hijos.

¿Dijo Jesús que hay que comer su carne y beber su sangre?

> «Jesús les dijo: "De cierto, de cierto os digo: `Si no coméis la carne del Hijo del Hombre, y bebéis su sangre, no tenéis vida en vosotros. El que come mi carne y bebe mi sangre, tiene vida eterna; y yo le resucitaré en el día postrero. Porque mi carne es verdadera comida, y mi sangre es verdadera bebida. El que come mi carne y bebe mi sangre, en mí permanece, y yo en él´"» (Juan 6:53-56).

Hemos afirmado que Dios prohíbe comer carne humana, beber sangre y que dichas prácticas diabólicas han sido instauradas por Satanás. Ahora leemos estas palabras: ¿por qué Jesucristo dice estas cosas si sabemos que la ley de Dios prohíbe consumir sangre y comer carne humana? Sin embargo, Jesús no está afirmando que haya que comer su carne y beber su sangre de manera literal, sino de forma simbólica. Está diciendo que quienes deseen vivir eternamente al lado de Dios, tienen que demostrar fe en el sacrificio que Él hará cuando ofrezca su cuerpo humano y perfecto y derrame su sangre hasta la muerte.

Raza de víboras sedienta de sangre

En el libro *Demonios del sexo: íncubos y súcubos. Demonología y sexualidad* hablamos de la sangre y de cómo los demonios y sus descendientes híbridos son, de hecho, los vampiros de antiguas leyendas.

Es obvio lo diabólico que es ingerir carne humana en rituales satánicos, ¿pero qué sucede con la ingesta de sangre? El hecho de beber sangre es también un acto abominable de rebeldía y desafío a Dios. La sangre es vital para la vida. De hecho, «la vida de la carne está en la sangre» (Levítico 17:11); «la sangre es la vida» (Deuteronomio 12:23).

La sangre representa la VIDA. En Génesis 4:10 vemos cómo la sangre de Abel, el primer asesinado en la historia de la humanidad, es descrita como un clamor de venganza desde la Tierra. Luego del diluvio, Dios concedió permiso para comer carne de algunos animales, sin embargo, prohibió comer su sangre (Génesis 9:3-4). Así también como «el que derramare sangre de hombre, por el hombre su sangre será derramada, porque a imagen de Dios es hecho el hombre» (Génesis 9:6).

Y si en la sangre se halla la vida y los demonios son la muerte, entonces ellos poseen especial interés en la sangre para traer la muerte física y espiritual. Por eso, Caín, el primer descendiente de Satanás, ya tenía sed de sangre. Luego, los demonios han buscado sin parar el derramamiento de sangre humana, vista la importancia de esta para Dios y Jesucristo. Además de ser vida de la carne, por tanto, su relevancia fisiológica, su simbolismo para Dios, la salvación y expiación de pecados en el pasado con la muerte y el derramamiento de la preciosa sangre de Jesucristo en la cruz del calvario, ha tenido, a lo largo de la historia de la humanidad, una importancia mitológica y simbólica, relacionada con el culto a los falsos dioses (ángeles caídos) y los sacrificios humanos en rituales de la élite satánica. Desde un comienzo, la sangre fue asociada al alma, a la esencia de la vida, a los cultos a dioses-demonios (dios sol), a la fertilidad (diosa de la fertilidad) y también con la juventud eterna y el deseo de la inmortalidad. Siempre como conceptos paganos que torcían el verdadero significado de la sangre.

En tribus indígenas, y otros pueblos, era costumbre beber sangre de animales o de enemigos, esperando con ello adquirir sus habilidades, pensando que estas se hallaban impregnadas en el fluido.

Ellos quieren adrenocromo

En el libro *Mensajeros del engaño: demonios en piel alienígena* expuse la siniestra teoría de los rituales satánicos realizados por la élite (raza de víboras), donde extraen adrenocromo. Este es un compuesto derivado de la oxidación de la adrenalina y lo metaboliza el cuerpo en situaciones de alto estrés y terror, por lo general, bajo torturas. Esta teoría afirma que la élite de poder, sobre todo los híbridos, necesitan ingerir este psicotrópico para mantener su aspecto humano. Experimentan sensaciones superiores al consumo de la droga más potente, proporcionando fuertes efectos alucinógenos. Según esta teoría, es el ingrediente secreto más preciado de la raza de víboras.

Sabemos que los rituales ocultistas y satánicos siempre han requerido, en mayor o menor medida, ingerir sustancias para inducir el estado de trance, sea en forma de brebajes, pociones, hierbas, hongos, drogas, en fin, sustancias alucinógenas para provocar la alteración de la conciencia. Los efectos que producirían estas sustancias funcionan como una especie de apertura de un portal mental, por donde podrían introducirse las entidades demoniacas desde la otra dimensión.

A estas alturas, es obvio que fueron los mismos demonios quienes proporcionaron los conocimientos diabólicos para obtener ese compuesto de forma «natural». Por lo cual, entre más aterrorizada y estresada se encuentra la víctima, más eficaz es la ceremonia satánica. Para lograr su abominable cometido utilizan diferentes métodos de tortura y usan ciertas drogas con la finalidad de obtener dicha sustancia, la cual estaría presente en la sangre de la pobre víctima.

¿En qué consiste este supuesto compuesto hallado en la sangre de las aterrorizadas víctimas? La clave se encontraría en la adrenalina, una hormona segregada por las glándulas suprarrenales que se transporta por el torrente sanguíneo a diferentes partes del cuerpo y que, de manera básica, funciona como un disparador de energía. Cuando la persona se encuentra en peligro, la adrenalina se activa y pone los sentidos en alerta. Es, por tanto, la encargada de desatar los mecanismos de supervivencia escondidos en el cuerpo y que salen a la luz cuando algo amenaza su vida. El adrenocromo es, en pocas palabras, sangre «adrenalizada». ¿Comprendes que la élite satánica de poder puede estar secuestrando víctimas y torturándolas para lograr un estado de terror, luego matarlas y, entonces, beber su sangre adrenalizada?

Es horrendo, terrorífico y diabólico. Lo sé, pero es la verdad. ¿Sabes cuántos niños desaparecen por día en el mundo? ¿Cuántos de ellos terminan siendo víctimas de ritos satánicos?

El terror, el miedo extremo y el pánico producen adrenalina, la cual produce una descarga eléctrica en el cerebro y, además, desprende un olor característico no percibido por el olfato humano, aunque sí por algunos animales, como los perros, los cuales suelen atacar al sentir que la «presa» tiene miedo. Algo similar sucede con estos híbridos. Testimonios de víctimas que han estado en rituales satánicos de la élite han revelado que, al sentir olor a sangre, estos híbridos se enloquecen, llegando a cambiar su fisionomía y adquiriendo un aspecto reptiliano. También confirman que estas criaturas beben sangre y comen la carne humana, tal como sucedía con los nefilim, los gigantes híbridos del comienzo de los tiempos.

Pero, además, si en la sangre hay vida, por ende, también hay energía. Tanto los demonios como sus descendientes híbridos se alimentan del dolor, del odio, pero también de la energía que emana del cuerpo humano y de la sangre derramada. Testigos reafirman que el olor a sangre los vuelve locos. Por eso, los asesinos en serie y aquellos que sienten placer en asesinar, hacer sufrir a otras personas y torturar, se encuentran poseídos por demonios o son directamente integrados. En estos casos ya no cabe la influencia demoniaca, sino niveles mucho más altos de conexión con demonios. Lo cierto es que muchas enfermedades que se tienen por mentales son de origen espiritual como consecuencia de influencias demoniacas que, al no ser tratadas, han derivado en posesiones diabólicas o, incluso, en integraciones, el máximo nivel de interconexión con una entidad maligna. En muchas ocasiones existe una mezcla de dolencia mental con enfermedad espiritual. El placer en el dolor ajeno y derramamiento de sangre es diabólico y siempre tiene raíces demoniacas.[81]

¿Acaso te has preguntado alguna vez cuántos pacientes psiquiátricos encerrados (en el pasado o en la actualidad) en manicomios pueden no estar enfermos a nivel mental, sino poseídos por demonios o incluso sufrir una mezcla de dolencia espiritual-mental?

Alimento energético

Si los híbridos ingieren sangre y carne humana para mantener su aspecto humano, los ángeles caídos siempre han exigido sacrificios y derramamiento de sangre como ofrendas diabólicas y, por supuesto, para alimentar a sus híbridos. Otra clase de alimento es el espiritual, el energético. Sabemos que los demonios se alimentan, de forma espiritual, de las energías negativas emanadas de los hombres, tales como odio, miedo, peleas, en definitiva, las emociones negativas. Pero también utilizan la energía que emana del cuerpo humano, no solo para alimentarse, sino para poder manifestarse, es decir, hacerse visible al ojo humano. El cerebro humano, al igual que el cuerpo entero, produce electricidad a través de reacciones químicas en sus células y actúa, entre otras cosas, como control e interruptor, ya que lo que

81 Para más información sobre el significado espiritual de la sangre, ver *Mensajeros del engaño: demonios en piel alienígena* (pp. 158-167).

vemos, oímos, olemos, gustamos y sentimos son el resultado de pequeños signos eléctricos enviados desde diferentes partes del cuerpo hacia el cerebro.

Por otra parte, el cuerpo humano genera calor, por lo que las entidades demoniacas lo utilizan como fuente de energía para poder manifestarse. Es, además, esta capacidad endotérmica la que nos distingue de los reptiles y otros animales de sangre fría y, por supuesto, de los híbridos. La energía térmica que desprende constantemente el cuerpo humano corresponde, en promedio, a la de una bombilla de 100 vatios, siendo casi una central eléctrica móvil que proporciona energía a través del movimiento y el calor.

Los demonios actúan como auténticos vampiros energéticos. Estas fugas de energía suceden cuando los vampiros emocionales te succionan energía y los demonios sexuales (íncubos y súcubos) se alimentan de la energía sexual emanada del acto. Las víctimas se levantan al día siguiente agotadas, deprimidas y con muchas otras sensaciones negativas, que ya hemos visto en anteriores textos de mi autoría.

¿Recuerdas la mención que hice en el libro *Demonios del sexo: íncubos y súcubos. Demonología y sexualidad* acerca de que algunos estudios rabínicos hebreos mencionaban a Lilith como un demonio femenino asociado también al vampirismo? Vampira, literalmente hablando, que se alimenta de la sangre de sus víctimas. También vampira espiritual, debido a que se alimenta de la energía extraída en el momento del coito. Existe una conexión real entre vampiros, demonios y raza de víboras. Los vampiros existen y son demonios, sin embargo, no es un muerto viviente real que se alimenta de sangre, duerme durante el día en ataúdes, teme al ajo, se le clava una estaca en el pecho o se le corta la cabeza para matarlo. Me refiero a verdaderos entes diabólicos de naturaleza espiritual que adoptan ciertos aspectos y acostumbran a alimentar determinadas leyendas para confundir y ocultar su verdadera identidad. Eso es justo lo que sucede con los vampiros. No obstante, es pertinente aclarar que los híbridos también son vampiros desde el momento en el que beben sangre humana.

El híbrido conde Drácula

En 1897, Bram Stoker[82] publicó la historia de Drácula sabiendo, con exactitud, todo lo que se ocultaba detrás de este supuesto personaje ficticio inspirado en Vlad el Empalador (Vlad III de Valaquia),[83] príncipe de Valaquia entre 1456 y 1462. Este era el segundo hijo de Vlad II Dracul de Valaquia, que significa 'diablo' o 'dragón'.[84] Fue iniciado en la antigua Orden del Dragón por el emperador del Sacro Imperio Romano en 1431. El emblema de esta orden era un dragón con las alas extendidas y colgando de una cruz. Expertos estudiosos de las familias reales, entre ellas la familia real británica, coinciden que ésta es descendiente de Vlad el Empalador, algo que más adelante fue confirmado por el ahora rey Charles III, hijo mayor de la fallecida reina Elizabeth II de Reino Unido.[85]

---

82 El escritor irlandés Bram Stoker (1847-1912) se inspiró en el Príncipe Vlad III de Valaquia para crear su personaje, el conde Drácula. Vlad III fue príncipe entre 1456 y 1462 y fue conocido por sus actos de crueldad, empalando vivos a sus enemigos.

83 Valaquia es la parte sur de Rumania.

84 Es probable que ese linaje se trate de una de las familias hibridas de Europa Suroriental relacionadas con los *dracos*.

85 Las familias descendientes del linaje de la serpiente se mezclaron con los híbridos de los ángeles caídos, por lo que ambos linajes están emparentados. Esto explica cómo el linaje Vlad Dracul de Valaquia, linaje *draco* de Europa Suroriental, se

El nombre Drácula significa *draco* y es una variante de 'dragón'. El título de nobleza «conde» estaría simbolizando el modo en que estos linajes reales, descendientes de los ángeles caídos, serían de la realeza y la nobleza. De hecho, los diferentes títulos de nobleza fueron inventados por la élite para marcar la diferencia entre quiénes son como ellos y quiénes no. Los títulos de nobleza reales eran aquellos que se heredaban, siendo fundamental la pureza del linaje, de la sangre. Otros tantos títulos podían ser obtenidos de muchas otras formas, siempre que esto respondiera a los intereses de la élite. Híbridos e integrados de linaje noble ya nacían con títulos de nobleza asegurados.

Drácula es un vampiro[86] que se alimenta de la sangre de los humanos, vive oculto en la oscuridad, no soporta la luz y es un ser de las tinieblas. En este sentido, sería también un devorador de hombres. Al no soportar la luz del sol durante el día, suele esconderse y reposar en su ataúd. Esto es simbolismo de su preferencia por las tinieblas, la oscuridad (alineado con Satanás) y su rechazo a la luz (de Dios, de Jesucristo).

> «Dios es luz, y no hay ningunas tinieblas en Él» (1 Juan 1:5).

---

halla emparentado con la realeza europea, descendientes de híbridos de ángeles caídos, lo que conformaría hoy la élite de occidente. Esto significa que la élite de oriente y la de occidente poseen antepasados en común.

86 Los vampiros existen y son demonios. Sin embargo, no son como los no muertos que duermen durante el día en ataúdes, temen al ajo y mueren si se les clava una estaca en el pecho o se les corta la cabeza. Me refiero a verdaderos entes diabólicos de naturaleza espiritual que adoptan ciertos aspectos y acostumbran alimentar determinadas leyendas para confundir y ocultar su verdadera identidad. No obstante, los híbridos descendientes de demonios podrían catalogarse como vampiros desde el momento en que acostumbran a beber sangre humana en sus rituales satánicos.

> «Una vez más, Jesús se dirigió a la gente, y les dijo: "Yo soy la luz del mundo. El que me sigue no andará en tinieblas, sino que tendrá la luz de la vida"» (Juan 8:12).
>
> «Pero ustedes son linaje escogido, real sacerdocio, nación santa, pueblo que pertenece a Dios, para que proclamen las obras maravillosas de aquel que los llamó de las tinieblas a su luz admirable» (1 Pedro 2:9).

Draco significa 'dragón'. Sabemos que el dragón es la serpiente antigua y esta misma es un reptil. Ella sería la causa del por qué el linaje de la serpiente-dragón se caracteriza por su aspecto reptil, cubierto detrás de un aspecto de humano normal y que, en ciertos momentos, se hace evidente. Muchos testigos han presenciado por una fracción de segundo cómo en determinados personajes, de pronto, las pupilas se les vuelven vertical y sus pieles adquieren tonos verdes o grisáceos con escamas. Sé que suena demasiado fantasioso, pero los testigos son innumerables y en varias partes del planeta. Esta es la verdadera raza de víboras, aquella que posee linaje de la serpiente y/o de los caídos. Son híbridos, no son humanos por completo, no poseen sentimientos y son fríos al extremo. La frase «matar a sangre fría» simboliza la frialdad que tiene una víbora para matar a su presa, lo cual aplica a la perfección al «linaje serpiente» y a todos los psicópatas (influenciados de manera diabólica o integrados) se les etiquetan como «sangre fría», tal cual los reptiles. Debido a su condición de híbrido y su linaje puro, poseen la capacidad de ser metamórficos.

El Libro de Nod es un documento ficticio, aunque es considerado como un interesante texto sobre vampiros. Menciona a Caín como el primer vampiro de la historia. Allí explica cómo él bebía sangre y habría llevado a cabo un sacrificio ritual con Abel para luego beber su sangre.

> «Y él le dijo: "¿Qué has hecho?". La voz de la sangre de tu hermano clama a mí desde la tierra. Ahora, pues, maldito seas tú de la tierra, que abrió su boca para recibir de tu mano la sangre de tu hermano» (Génesis 4:10-11).

¿Entonces el primer asesinato de la humanidad podría haber sido perpetrado con una finalidad ritualista? ¿Podría este haber sido el primer acto satánico de la historia?

En un fragmento de los Manuscritos del Mar Muerto se describe a una criatura llamada Belial[87] como príncipe de la oscuridad y rey de la maldad. Se afirma que su aspecto es aterrador, como el de una «serpiente con rostro de víbora».

Por todo lo expuesto anteriormente, Satanás habría tenido su descendencia mediante Caín, quien sería el patriarca del linaje de la serpiente/dragón[88] y, luego, un grupo de ángeles habría decidido imitar a su líder, Satanás, para tener también su propio linaje. Fue entonces que, al materializarse y mezclarse con las hermosas hijas de Adán, surgió la especie llamada nefilim, los gigantes híbridos.[89] Con ellos, la tierra se volvió un auténtico mar de sangre, en vista de que comían carne humana y bebían

87 Tertuliano, san Agustín, san Ambrosio y algunos autores medievales en latín utilizan Belial como nombre propio de Satanás. Identifican al nombre como 'sin yugo', 'sin sujeción', porque rechazó el yugo divino, también como sinónimo de pestilencia, también se utiliza hijos de Belial como hijos de pestilencia.

88 Este linaje conformaría lo que hoy conocemos como *draco*, la élite de oriente, la cual dio origen a la nación del dragón (China).

89 Este linaje es lo que conocemos como los reptilianos, la élite de occidente.

su sangre. Dios decidió eliminarlos y dar un nuevo comienzo a la humanidad, gracias al diluvio universal.

El libro *Bloodlines of the Illuminati*, de Fritz Springmeier, menciona el origen del linaje real a través de Caín; patriarca de las posteriores líneas consanguíneas que detalla Fritz en su investigación, lo que provocó la ira de la élite, su posterior entrada a prisión y la pérdida de su vida profesional.

Sangre Rh negativo

Existe una hipótesis que propone que los seres humanos con sangre Rh negativo pertenecen a un linaje híbrido. El hombre posee cuatro tipos de sangre A, B, AB y O, clasificación realizada con base en las proteínas encontradas en la superficie de las células y que se ocupan del combate contra las bacterias y los virus que invaden el cuerpo humano. Se ha demostrado que una amplia mayoría tiene esas proteínas, por tanto, se catalogan como Rh positivo, mientras que un grupo minoritario no las tiene: son los Rh negativo. Este último grupo no es solo minoritario, sino que posee características que lo hace bastante peculiar.

Debido a esas peculiaridades, algunos han insinuado que los poseedores del grupo sanguíneo Rh negativo serían descendientes de los «dioses», es decir, híbridos (ahora llamados extraterrestres). ¿Podría acaso la raza de víboras poseer sangre Rh negativo? Aunque esta hipótesis no es del todo descabellada, de ninguna forma implicaría que todas las personas con Rh negativo sean híbridos o integrados. Aunque curiosamente buena parte de la realeza europea pertenece al grupo de los Rh negativo.

Sabemos que estos ángeles caídos han tenido siempre una obsesión por la hibridación, debido a que han manipulado animales y humanos a nivel genético y es muy posible que hayan fabricado seres híbridos con aspecto de extraterrestres grises.

Con anterioridad he mencionado que existen cuatro tipos de sangre: A, B, AB y O, sin embargo, no todos los grupos son compatibles entre sí, de forma que cuando se va a realizar una transfusión, hay que atender la compatibilidad de los factores Rh. Es curioso que los grupos Rh negativos pueden donar a las personas de su mismo grupo sanguíneo, tanto si son positivos como negativos, mientras que los Rh positivos solo son compatibles con los positivos. El 85 % de los humanos son Rh positivos, mientras que el 15 % restante son Rh negativos. Además, el grupo 0 negativo es el denominado donante universal, por lo que su sangre es compatible con todos los grupos sanguíneos, pero solo puede recibir sangre de otro 0 negativo. Este grupo sanguíneo lo tiene el 9 % de la población.

Es cierto que el factor Rh negativo es característico de las familias satánicas de poder, familias reales y varios miembros de la élite en general, así como también lo poseían los reyes, monarcas y faraones de culturas antiguas.

Por otro lado, las madres Rh negativo no toleran en su cuerpo los fetos de sangre Rh positivo. Esta intolerancia antinatural, difícil de explicar según las leyes naturales más comunes, podría, sin duda, derivar de una intervención genética ancestral de parte de los ángeles caídos, por la cual los grupos Rh positivo y negativo se repelen mutuamente en lugar de fusionarse. Con lo dicho, el factor Rh negativo es demasiado predominante en la élite de poder y en varias familias reales europeas, entre ellas está la familia real británica, lo cual aumenta aún más las sospechas de su origen híbrido. Por supuesto que esto jamás ha sido confirmado de manera oficial. ¿Cómo reaccionaría el mundo si cayera en la cuenta de que una pequeña porción de la población no es humana en su totalidad y tiene una genética híbrida con demonios? Y, peor aún, que esa pequeña porción de población híbrida es quien tiene el poder y manipula a la humanidad entera desde los comienzos de la civilización. ¿Qué sucedería si se confirmara públicamente que los Rh negativo mantienen un estrecho vínculo genético con seres de naturaleza angelical caída y/o descendientes de la serpiente?

La marca de Caín

Veremos cómo la naturaleza de la marca de Caín ha sido objeto de debate y especulación. Después de que Caín matara a su hermano Abel, Dios le dijo: «Ahora, pues, maldito seas tú de la tierra, que abrió su boca para recibir de tu mano la sangre de tu hermano. Cuando labres la tierra, no te volverá a dar su fuerza; errante y extranjero serás en la tierra» (Génesis 4:11-12). En respuesta, Caín se lamentó: «Grande es mi castigo para ser soportado. He aquí me echas hoy de la tierra, y de tu presencia me esconderé, y seré errante y extranjero en la tierra; y sucederá que cualquiera que me hallare, me matará» (Génesis 4:13-14). Como vemos, Caín solo se lamentaba y sentía miedo por su vida, pero no se mostraba arrepentido. Saltó en su propia defensa, pensando en sí mismo y no en lo que le había hecho a su hermano. Una vez más, mostraba que no era buena semilla, tenía el corazón endurecido y estaba muy lejos de Dios.

Fue entonces maldecido con un castigo compuesto por dos partes: primero, por más que cultivara y trabajara la tierra, no recibiría fruto. Si tenemos en cuenta que Caín era agricultor, estaba arruinado. Y, segundo, estaba condenado a vagar como fugitivo errante. No tendría lugar al cual llamar hogar ni donde descansar, además el desasosiego y la falta de paz lo acompañarían por siempre.

> «Yahvé puso su señal (marca) en Caín para que no lo matase cualquiera que lo hallara. Salió, pues, Caín delante de Yahvé, y habitó en tierra de Nod, al oriente de Edén» (Génesis 4:15-16).

La palabra hebrea traducida como marca es *owth* y se refiere a una marca, signo o símbolo. Como menciona el versículo correspondiente, fue un signo/indicador de que Caín no iba a poder ser asesinado. Si bien es cierto que la marca debería haber sido, en primer lugar, algo físico que pudiera ser visto por otras personas y así impedir que estas intentasen asesinarlo, algunos proponen que la marca era un símbolo ocultista como el hexagrama, el pentáculo o, incluso, la media luna. Otros que era una cicatriz o algún tipo de tatuaje. Y varios, en su delirio, afirmaban que la marca había sido volver a su tez oscura, algo así como que Dios cambió el color de la piel de Caín a negro con el fin de identificarlo. Esto llevó a que muchos pensaran que la gente de piel oscura estaba maldita, utilizando esto como justificación para el comercio de esclavos africanos y discriminación contra personas de piel negra/oscura. Sin embargo, esta interpretación es no solo errónea, sino diabólica, porque no existe ningún versículo en la Biblia que se refiera que el color de la piel esté relacionado con castigo ni con marca alguna.

Aunque estas palabras puedan interpretarse como protección de Dios para impedir que Caín fuera asesinado, la realidad es que también fue una maldición. No se menciona que esta haya pasado a sus descendientes en forma de maldición generacional, y es probable que esto haya sucedido. Algunos textos judíos afirman que las nueras y la esposa de Noé eran descendientes de Caín, por lo que la descendencia de la serpiente no habría tenido fin en el diluvio. Como la Biblia no lo especifica, solo podemos especular. En cualquier caso, la naturaleza exacta de esa marca no es el objetivo del versículo, sino que Dios no permitiría que la gente se vengara de Caín. Sea lo que fuere ese signo, sirvió para este propósito. La Biblia no dice cuál fue con exactitud la marca que Dios puso en Caín.

Algunos textos judíos mencionan que la marca de Caín no fue una marca física, sino espiritual, como la falta de descanso, la falta de sueño y la falta de paz. «No hay paz, dijo mi Dios, para los impíos» (Isaías 57:21). Esa falta de paz lo acompañaría por toda la eternidad, y lo mismo sucedería con sus descendientes. Por eso, luego de haber sido expulsado, se empeñaría en construir ciudades con el objetivo de hallar reposo, un hogar, acumular gente, como si de alguna forma eso le garantizaría seguridad. El lugar que habitó se llamó Nod, que significa 'vagar eternamente'.[90] Dios, entonces, lo habría condenado a vagar por la eternidad. Si bien construyó ciudades y ya no vagaban, sin embargo, continuaron deambulando en sentido espiritual, puesto que jamás encontraron reposo, tranquilidad ni paz. Estaban lejos de Dios, por consiguiente, jamás podrían hallar la verdadera paz.

Con relación al destino de Caín luego de su expulsión, expertos señalan que es muy probable que se haya casado con

---

90 Es interesante que Caín sea considerado, por algunos textos, como el primer hibrido con características de vampiro, sabiendo que este concepto implica ser un muerto viviente, una especie de individuo condenado a vagar por la tierra eternamente, condenado a vivir en las tinieblas.

alguna de sus hermanas, de quien le dio un hijo al que llamaron Enoc. En la tierra de Nod, Caín construyó una ciudad[91] compuesta por cabañas de madera y del mismo nombre: Enoc en honor a su hijo. *Nod* es la raíz del verbo *vagar* en hebreo para designar el estilo de vida nómada y errante de Caín y sus descendientes, quienes no tenían territorio. Aunque Caín construyó la primera ciudad,[92] sus descendientes siempre fueron errantes, no tenían un territorio establecido ni un hogar para llamar suyo.

En *Histoire des Juifs* (Rotterdam 1706), el autor protestante francés, Jacques Basnage (1653-1723), relata la existencia de tres judíos errantes. El primero de ellos es Samer, condenado a vivir vagando por haber fundido el becerro de oro en la época de Moisés. El segundo de ellos es Catafilo, quien habría sido un guardia de la puerta del pretorio de Poncio Pilatos. Cuando sacaban a Jesús para crucificarlo y lo llevaban desde el pretorio hasta el lugar donde lo crucificarían, Catafilo le habría dado un fuerte empujón a Jesús en la espalda, supuestamente para evitar aglomeraciones y alboroto. En ese momento, Jesucristo se habría volteado y afirmado: «El hijo del hombre se va, pero tú esperarás a que vuelva». Las palabras de Jesús habrían sido una especie de castigo para transformar a este judío como un errante hasta que se produjese el regreso del Salvador para juzgar a los vivos y a los muertos. Aunque, cada cien años, Catafilo padecía

91 El origen de las ciudades se halla en Caín.

92 Cuando hablamos de ciudad, pensamos en oportunidades laborales o quizá mejores condiciones de vida, pero lo cierto es que también hablamos de males, caos, ruido, pecados, diversión. La ciudad es hija del pecado, hija de Caín. El hambre del urbanita es de nunca saciar y todas las comodidades son un artificio del hombre, ya que los servicios básicos llegan gracias a la tecnología. Las ciudades representan una comodidad y progreso en muchos sentidos, aunque a un alto precio, ya que son foco de perversión y violencia.

la enfermedad y la angustia de la muerte, pero luego sanaba y rejuvenecía. En la Armenia de 1228 habría sido visto un judío respondiendo preguntas sobre la crucifixión de Jesucristo, la vida de los apóstoles y cómo los muertos salieron de sus sepulcros cuando Jesús fue crucificado. Se mostraba sobresaltado y tembloroso, esperando ansioso el regreso de Jesús para poder morir y, por fin, descansar. Afirmaba temblar al recordar su pecado, se mostraba arrepentido y esperaba ser perdonado. Cuando preguntaban su nombre, afirmaba llamarse Catafilo.

El tercer y último judío errante habría sido un zapatero llamado Asuero, muy conocido en Jerusalén. Habría echado a Jesucristo de un empujón del quicio de su puerta cuando este iba camino al calvario. Jesucristo habría parado unos instantes a descansar, cuando el zapatero lo vio y lo echó a empujones. Con esto, Jesús habría proferido las siguientes palabras: «Yo luego descansaré, pero tú andarás sin cesar hasta que yo vuelva». Desde ese momento, siempre estaba peregrinado sin parar en alguna provincia.

En 1547 fue visto alguien que dijo ser zapatero en la época de Jesucristo y que presenció el momento de la crucifixión. Mencionaba haber conocido en persona a los apóstoles y, además, de poseer conocimientos sobre acontecimientos históricos importantes ocurridos a lo largo de los siglos. Confesó su ignorancia de haber maltratado a Jesucristo y desde ese día, como castigo por su insolencia, marchaba por el mundo sin descanso.

Pero volvamos a la marca de Caín. Lo cierto es que la Biblia no indica con exactitud la naturaleza de la marca y, por tanto, nadie sabe cómo era en realidad. Pudo haber sido una cicatriz o un tatuaje. Lo que sabemos es que protegía a Caín de ser asesinado y lo condenaba a vivir vagando por el mundo, sin descanso y sin paz.

Sea cual sea su origen como simiente de la serpiente, Caín había cometido atrocidades, quitándole la vida a su hermano y dejándose dominar por el pecado. Ignoró las instrucciones y advertencias dadas por Dios para que se arrepintiera. No fue condenado por ser simiente de la serpiente o descendencia de Satanás, sino por haber elegido libremente el camino del pecado, resentimiento, odio y violencia. De hecho, no solo no se arrepintió ni mostro remordimiento alguno, sino que insistió en su pecado,[93] manteniendo su corazón insensible y duro, por completo alejado de Dios. ¡Aprendamos de este ejemplo para no ser jamás como Caín! No endurezcamos el corazón ante la misericordia y los llamados de Dios al arrepentimiento: «Si oyereis hoy su voz, no endurezcáis vuestros corazones» (Hebreos 3:15).

La maldición de Noé

Nuevo fruto inmoral

Después del diluvio universal, sinónimo de reinicio para la humanidad, hubo un nuevo comienzo con Noé, quien era perfecto en sus generaciones según la Biblia (Noé era puro genética y espiritualmente). Pero, en cierta ocasión, él se embriagó y sucedió otra inmoralidad y contaminación sexual.

---

93 Considero este detalle sumamente importante. Caín no fue condenado por Dios por el hecho de ser descendiente de la serpiente, sino porque le dio la oportunidad de vivir y arrepentirse por lo que había hecho, pero Caín demostró que la naturaleza maligna que había heredado de su padre había hablado más fuerte. Esto significa que las familias de linaje puro de la élite tenían (tienen) la opción de arrepentirse y volverse a Dios. De hecho, algunos investigadores afirman que ciertos descendientes de algunas familias de la élite, tanto de oriente como occidente, se han rebelado, apartado de sus orígenes y han renunciado al satanismo y a la agenda, incluso llegando algunos a acercarse a Dios. Por desgracia, estos casos no son la regla sino la excepción.

> «Después comenzó Noé a labrar la tierra, y plantó una viña; y bebió del vino, y se embriagó, y estaba descubierto en medio de su tienda. Y Cam, padre de Canaán, vio la desnudez de su padre, y lo dijo a sus dos hermanos que estaban afuera. Entonces Sem y Jafet tomaron la ropa, y la pusieron sobre sus propios hombros, y andando hacia atrás, cubrieron la desnudez de su padre, teniendo vueltos sus rostros, y así no vieron la desnudez de su padre. Y despertó Noé de su embriaguez, y supo lo que le había hecho su hijo más joven, y dijo: "Maldito sea Canaán; siervo de siervos será a sus hermanos". Dijo más: "Bendito por Yahvé mi Dios sea Sem. Y sea Canaán su siervo. Engrandezca Dios a Jafet, Y habite en las tiendas de Sem, Y sea Canaán su siervo"» (Génesis 9:20-27).

En el versículo de Génesis 9:20-27, la Biblia describe un acto inmoral: «Cam, padre de Canaán, vio la desnudez de su padre». Algunos interpretan como que Cam violó a su padre Noé, pero la Biblia indica que «conocer (ver) la desnudez de tu padre» significa tener relaciones sexuales con la esposa de tu padre, (su madre) y no necesariamente tener relaciones homosexuales con tu padre. Deuteronomio 27:20 afirma: «Maldito el que se acueste con la mujer de su padre, porque ha descubierto la desnudez de su padre. Y todo el pueblo dirá: "Amén"».

Génesis 6:9 dice que Noé era un hombre justo, moral y espiritualmente. Asimismo, realza lo perfecta que son sus generaciones. Sabemos que él sobresalía del resto de la humanidad como fiel y justo seguidor de Dios, en un mundo perverso y corrompido del todo. Además, su época fue el momento de la hibridación, cuando el ADN de la humanidad estaba corrompido y los linajes de la serpiente y de los ángeles caídos dominaban al mundo. La maldad había llegado a un punto de inflexión, donde ya Dios no podía permitir que la vida continuara en la tierra. En la Biblia se utiliza la palabra hebrea *tamiym* que significa 'completo' o 'sin mácula', pero no de forma moral, sino genética. ¿Significa esto que Noé no estaba contaminado por el linaje de los caídos ni de la serpiente? Es muy probable que sí.

Noé era descendiente de un linaje libre de contaminación genética, debido a que pertenecía al linaje de Set y, por ende, de Adán, y no de la semilla de la serpiente. ¿Quiere decir que toda la familia de Noé había quedado libre de la contaminación genética? Pues, no necesariamente, en vista de que algunos textos judíos defienden la idea de que la esposa de Noé y alguna de sus nueras eran descendientes de Caín, así como el resto de las familias humanas que habitaban la tierra. La humanidad estaba manchada por la sangre de la serpiente y de los descendientes de los ángeles caídos.

En definitiva, los demonios habían logrado pervertir el linaje de los humanos a través del control genético y la producción de híbridos. Algunos especulan que ciertos seres, quienes también vivían en la época de Noé, habrían sido producidos a través de la manipulación genética. Comprendo que puede llegar a sonar descabellado por completo, pero todo indica que los ángeles caídos son expertos en dicha materia. Tanto la serpiente del Edén (Satanás) como los ángeles caídos (vigilantes) tenían (y aún lo tienen) como objetivo arruinar la creación de Dios.

Por consiguiente, Noé era el único ser perfecto en sus generaciones, mientras que de su esposa y nueras no hay datos en la Biblia. Empero, la tradición judía enseña que Naama, una de las esposas de Noé, era nieta de Caín. En el Zohar, Naama representa a un demonio.

Varios expertos sostienen que el versículo bíblico indica que Cam vio la desnudez de su padre al tener relaciones sexuales con su propia madre, quien sería descendiente de Caín. Satanás buscaba con este acto procrear un nuevo fruto inmoral, Canaán, de nuevo producto de adulterio, pero ahora sumándole el incesto. Por tanto, Canaán daría continuidad al linaje de la serpiente.

En consecuencia, la mutación genética que afectó a Cam, y a toda su descendencia, podría tener su origen en la esposa de Noé, pues la Biblia solo se refiere a éste para decirnos que era puro en sus generaciones. No obstante, a los otros dos hijos de Noe (Sem y Jafet) no les sucedió lo mismo que a Cam. Siguiendo esta línea de pensamiento, a través de la esposa de Noé y con el nacimiento de Canaán, la simiente de la serpiente NO habría desaparecido con el diluvio universal.

Expliquemos más en detalle lo ocurrido con Noé y la maldición que profirió contra Canaán. Deuteronomio 27:20 afirma: «Maldito el que se acueste con la mujer de su padre, porque ha descubierto la desnudez de su padre. Y todo el pueblo dirá: "Amén"». Esto indica que el término «ver la desnudez de tu padre» significa 'inmoralidad sexual con tu madre o padre'.

Así pues, Canaán sería el fruto de esta semilla (unión ilícita e inmoral de Cam con su madre, la esposa de Noe, es decir, una semilla fruto de adulterio e incesto). El objetivo de Satanás era procrear una nueva simiente corrupta, aunque esta vez no de forma directa. Levítico 18:8: «No descubrirás la desnudez de la mujer de tu padre; es la desnudez de tu padre».

Al haber tenido relaciones sexuales con su propia madre, causó la ira de Dios, repitiendo algo parecido a lo sucedido mil años antes entre Eva y la serpiente en el Edén y su consecuente surgimiento de una simiente perversa. Por segùnda vez, Satanás usaría la inmoralidad sexual para dar continuidad a la eterna guerra entre las dos simientes existentes: los descendientes de Adán y la simiente de la serpiente (ángeles caídos).

Ahora es mucho más comprensible por qué Noé maldijo a su nieto, pues Canaán sería el fruto del incesto entre Cam y su madre. Este acto inmoral causaría el crecimiento de una estirpe no humana, un linaje perverso del cual nacería toda la oposición militar del pueblo bíblico de Israel. Como si de alguna forma la simiente de Caín (de la serpiente) hubiera resurgido vía Cam. Sin embargo, aún tenemos que explicar el origen del linaje de los nefilim, el cual, habría sido supuestamente eliminado en el diluvio. No obstante, la actividad interdimensional jamás se detuvo y tanto ángeles al servicio de Dios como los ángeles rebeldes seguían bajando a la tierra (pasando a la tercera dimensión), unos con motivos rebeldes, otros bajo mandato de Dios. ¿Recuerdas la escalera de Jacob? Él vio, mientras dormía en Betel, cómo los ángeles de Dios bajaban y subían del cielo a través de una escalera.

> «Y soñó: y he aquí una escalera que estaba apoyada en tierra, y su extremo tocaba en el cielo; y he aquí ángeles de Dios que subían y descendían por ella. Y he aquí, Yahvé estaba en lo alto de ella, el cual dijo: "Yo soy Yahvé, el Dios de Abraham, tu padre, y el Dios de Isaac; la tierra en que estás acostado te la daré a ti y a tu descendencia. Será tu descendencia como el polvo de la tierra, y te extenderás al occidente, al oriente, al norte y al sur; y todas las familias de la tierra serán benditas en ti y en tu simiente. He aquí, yo estoy contigo, y te guardaré por dondequiera que fueres, y volveré a traerte a

> esta tierra; porque no te dejaré hasta que haya hecho lo que te he dicho". Y despertó Jacob de su sueño, y dijo: "Ciertamente, Yahvé está en este lugar, y yo no lo sabía". Y tuvo miedo, y dijo: "¡Cuán terrible es este lugar! No es otra cosa que casa de Dios, y puerta del cielo"» (Génesis 28:11).

Es cierto que la raza de víboras, compuesta por la simiente de serpiente y de los ángeles caídos, intentaría destruir el código genético del cual surgiría el futuro Mesías. De hecho, ese fue el motivo por el que Herodes ordenó matar a todos los niños menores de dos años, puesto que la estrategia satánica era evitar a toda costa el nacimiento de Jesús.

Según la doctrina de la semilla de la serpiente, Nahash (Satanás) habría sido entonces el padre del primer híbrido (Caín), y si esta corrupción genética, sumada a la de los caídos, se hubiera adueñado de todo el planeta, la venida del Mesías (el hijo del hombre) se habría visto comprometida. Por eso tuvo que intervenir Dios de manera directa, provocando el diluvio universal. El mesías debía ser hijo de hombre, es decir, de linaje puramente humano, hijo de María (la bienaventurada, por medio de la cual Dios redimió al sexo femenino),[94] descendiente

94 Eva había pecado, perdiendo la virginidad con Nahash, una criatura rebelde perteneciente a otra especie, y, además, había concebido al primer hibrido de la humanidad. Eva había quedado marcada, y por ende toda su descendencia (las mujeres) estaban manchadas. Por eso, en algunas culturas y antes de la venida de Jesucristo, las mujeres fueron oprimidas y eran sinónimo de traicioneras, manipuladoras, mentirosas. Aun hoy día, en varios países, las mujeres continúan siendo oprimidas y maltratadas. Debido a la impureza de Eva y posterior mácula del género femenino, se procedería a la insistencia en la pureza llegando virgen al matrimonio en muchas culturas, entre ellas, la judía. Para los judíos, el adulterio de la mujer era castigado con el apedreamiento o la lapidación. Eran muy severos

de Set y, por ende, de Adán, sin mancha alguna, tanto espiritual como genéticamente. La semilla de Adán y Eva no estaba corrompida por la sangre de la serpiente ni la de los vigilantes.

¿Por qué razón Dios ordenaba exterminar a pueblos enteros, entre ellos a niños?

Todas las tribus que Dios ordenó exterminar eran aquellas que descendían de la estirpe cananea, por ende, el linaje del Maligno. Pero Dios no los exterminó por ser de ese linaje, sino por la corrupción y maldad que había en su corazón. Dios es el único que escudriña los corazones, además de ser omnisciente, sabiendo que no tendrían salvación, puesto que no serían capaces de arrepentirse. De acuerdo con lo que hemos visto, la actividad inmoral del huerto del Edén y el incesto entre Cam y su madre dieron origen a la simiente genética de esta tribu cananea, la cual era corrupta y perversa.

Además, esta estirpe practicaba el canibalismo y adoraba al dios pagano (demonio) Baal. De hecho, el término «caníbal» proviene de la unión entre Canaán y Baal. Por consiguiente, todas las religiones antiguas tienen su origen en esta estirpe, a la que hasta el día de hoy se continúa rindiendo culto en la élite satánica y, de manera inconsciente, lo hace también el pueblo ignorante e incrédulo; aquellos que sin ser ni satánicos ni de la élite pertenecen al mundo y participan de sus costumbres, exaltando a las tinieblas. Por lo cual, beber sangre y comer carne

---

con ellas. La mujer debía ser pura, inocente y virgen para contraer matrimonio. La Virgen María fue la joven elegida por Dios para llevar en su vientre al Mesías. Con tal gesto, Dios acabó redimiendo por completo a todo el sexo femenino y borrando definitivamente el pecado de Eva. A esto se debe el odio actual de Satanás por las mujeres en general, y muy especialmente a la Virgen María.

humana tiene su origen en la estirpe del diablo, como habíamos visto con anterioridad.

En Génesis 10:9 leemos acerca de un personaje de gran estatura y fuerte en gran manera: «Este fue vigoroso cazador delante de Yahvé; por lo cual se dice: "Así como Nimrod, vigoroso cazador delante del Señor"». Se trata del primer cazador valiente (alta estatura), el fundador de Babilonia, descendiente de Cam. Más adelante, Sodoma y Gomorra estaban pobladas por todos los descendientes de la serpiente y de los ángeles caídos, donde habitaban sodomitas inmorales. Pero el pecado de la sodomía no era el único, debido a que eran inmorales, malvados, caníbales, idolatras y se complacían en todo tipo de perversidades. Sobre Nimrod hablaremos en otra oportunidad.

Ya en la época de Moisés y Josué, fueron hallados estos seres altos (gigantes) en la tierra de Canaán. ¿Podrían acaso haber sido producto del linaje de ángeles caídos o de la serpiente? ¿O tal vez seres modificados genéticamente? Cualquiera de estas preguntas podría responderse afirmativamente, en vista de que hablamos del mismo lugar y de la misma descendencia. Por eso, Goliat y todos sus familiares fueron destruidos. Ese es el real motivo por el cual Dios ordenaba aniquilar ciudades enteras, incluso bebés, mujeres y ancianos.

Por consiguiente, cuando los espías israelitas entraron a Canaán para inspeccionar la tierra prometida antes de ser conquistada, hubo un gran espanto al descubrir que los cananeos eran de gran estatura y practicaban el canibalismo. Ellos los llamaron gigantes, y eran seres con seis dedos que adoraban al dios (demonio) pagano Moloc y cuyos rituales consistían en quemar niños recién nacidos, sobre todo primogénitos. De ahí que Dios había prohibido mezclarse sexualmente con los cananeos o cualquier tribu ajena a Israel, todo para preservar el linaje puro dentro del código genético y evitar que los hijos de Israel se mezclaran con la raza de víboras, contaminándose espiritual y genéticamente.

> «La tierra, por donde pasamos para reconocerla, es tierra que traga a sus moradores; y todo el pueblo que vimos en medio de ella son hombres de gran estatura. También vimos allí gigantes, hijos de Anac, raza de los gigantes, y éramos nosotros, a nuestro parecer, como langostas; y así les parecíamos a ellos» (Números 13:32).

Interesante es ver el episodio de la batalla contra las hordas de amorreos cuando Josué (o, mejor dicho, Dios) detuvo al sol.

> «Entonces Josué habló al día en que el SEÑOR entregó a los amorreos delante de los hijos de Israel, y dijo en presencia de Israel: "Sol, detente en Gabaón, y tú, luna, en el valle de Ajalón". Y el sol se detuvo, y la luna se paró, hasta que la nación se vengó de sus enemigos. ¿No está esto escrito en el Libro de Jaser? Y el sol se detuvo en medio del cielo y no se apresuró a ponerse como por un día entero» (Josué 10:12-14).

Como Dios intervino en persona en varias oportunidades para ayudar a la raza humana y, en especial, al pueblo elegido, la simiente de Adán comenzó a ser en mucho mayor número que la simiente de la serpiente y la de los ángeles caídos. Estos, estando en minoría, y siendo el remanente satánico, comenzaron a infiltrarse detrás de cada origen real (nobleza), lo que llevo a que sus descendientes fueran los reyes de cada civilización en todas las épocas para gobernar a su antojo. Así comenzó el plan de control y exterminio de la humanidad, a quienes llamarían «ganado» y «borregos», esclavizándola durante el resto de la historia a través de la construcción de un sistema (mundo), el cual excluye a Dios de la vida de las personas, funcionando, además, como una autentica cárcel mental.

Esta raza de víboras son los seres metamórficos que se ocultan tras una apariencia humana y son los descendientes de Caín (linaje de la serpiente) y de los ángeles caídos, quienes gobiernan el mundo hoy en día.

Sombras (muy oscuras) de la doctrina de la semilla de la serpiente

A continuación, expondré los problemas que se presentan con la doctrina de la simiente de la serpiente. El principal de todos es su origen y algunos condimentos diabólicos agregados más adelante como desprecio a la mujer, a los judíos y a la raza negra.

Para comenzar, debo confirmar que, en efecto, esta doctrina es de origen gnóstico. De hecho, aparece en los primeros escritos de Valentín el gnóstico[95] y el Evangelio de Felipe (c. 350). Los cristianos la rechazaron como herejía durante el período gnóstico. San Irineo de Lyon, de la iglesia primitiva, describió una doctrina gnóstica parecida y la catalogó como herejía. Durante el siglo XIX, esta doctrina fue revivida por algunos líderes religiosos estadounidenses que, por desgracia, querían promover la supremacía blanca.

95 Gnóstico, filósofo y escritor nacido en año desconocido y fallecido en 160, cuya escuela constituye la rama más importante del gnosticismo.

Uno de sus impulsores durante el siglo XIX fue William Branham (1909-1965), criado en familia ocultista y propenso a adivinaciones, visiones y visitas de ángeles. Existe incluso una fotografía donde aparece un orbe de luz detrás de él, quien decía que a diario le daba instrucciones. Mencionaba, además, que un ángel (caído, sin duda) lo visitó y le habría dado algunos «poderes» y podía entonces sanar personas. Un caso famoso fue el de una mujer que tenía cáncer, quien, al parecer, habría sido sanada por él. Por consiguiente, su «ministerio» fue construido sobre estas manifestaciones preternaturales (diabólicas) y el supuesto ángel que lo habría acompañado toda la vida.

Branham pensaba que la semilla de la serpiente era la raíz de todos los problemas espirituales. A su vez, se apuntaba como culpable a la mujer, vista como la malvada de la película por la caída de la humanidad y, por tanto, objeto de desprecio. Según Branham, los judíos pertenecían a la simiente de Satanás, por lo cual también eran objeto de odio. El racismo se hace presente aquí también, donde afirman que algunas razas son irredimibles en sí mismas. Es decir, los malvados descendientes de la serpiente están destinados a la condenación y los justos descendientes de Adán a tener vida eterna.

Se encara la historia de la humanidad como un conflicto entre dos razas opuestas, donde los descendientes de Adán (serían los buenos) finalmente triunfarían sobre los descendientes de la serpiente (los malvados). Aunque es claro que no es así, pues muchísimas personas descendientes de Adán y Eva se han perdido y han elegido las tinieblas. No por el hecho de ser descendiente de Adán y Eva tienes asegurado la salvación, sino que esta se alcanza única y exclusivamente a través de Jesucristo, de la fe en Jesús y viviendo una vida de santidad, independientemente de la genética. La redención y la vida eterna vienen no por ser descendientes de Adán y Eva, o por ser de un linaje puro, sino por el sacrificio de Jesucristo. Por tanto, se llega a la salvación únicamente por medio del sacrificio de Jesús en la cruz.

Por otra parte, esta doctrina también fue y es utilizada por partidarios de la supremacía blanca para justificar el antisemitismo y el racismo, afirmando que tanto judíos como negros son descendientes de Caín, por ende, de la serpiente. Esto tampoco es real, sino una diabólica mentira. Los judíos no son descendientes de la serpiente, (algunos sí lo son) así como tampoco las personas de raza negra. Dios no hace acepción de personas, hombres de cualquier raza, mujeres, judíos, etc., todos pueden alcanzar la salvación por medio de la fe en Jesucristo, incluso los individuos que de alguna forma se hallen conectados a nivel genético con descendientes de la simiente de la serpiente o de los ángeles caídos.

Para finalizar, cuando Branham falleció, una lápida con forma de pirámide fue puesta en su tumba y arriba de la pirámide, un águila. Sabemos que tanto la pirámide *illuminati* como el águila (bicéfala, símbolo del grado 33 de la masonería) son símbolos utilizados por la élite y las sociedades secretas. ¿Alguna duda de que había servido como instrumento de la élite y, por ende, al servicio de los mismos ángeles caídos?

La doctrina de la semilla de la serpiente se presenta en varias formas diferentes. Además de Branham, Arnold Murray (1929-2014), Wesley Swift (1913-1970) y Sun Myung Moon (1920-2012) fueron personajes importantes dentro de la difusión de esta doctrina. A lo largo del tiempo, judíos y organizaciones cristianas han apuntado al racismo implícito dentro de la doctrina, afirmando ser completamente incompatible con las enseñanzas del cristianismo. Para colmo, y tal como he mencionado, esta doctrina ha recibido etiquetas deplorables afiliadas a la teología de supremacía de la raza blanca. Es un racismo disfrazado de cristianismo que señala a los judíos como descendientes de Caín y la serpiente, lo cual fue defendido por Hitler.

Teniendo en cuenta su diabólico origen, ¿significa entonces que toda la doctrina de la semilla de la serpiente es mentira al 100 %? No necesariamente. No toda es diabólica como no toda es mentira. Sabemos que los demonios utilizan a diario trampas y engaños donde mezclan verdad con mentira. De hecho, en muy pocas ocasiones, estas doctrinas son 100 % falsas porque siempre contienen algo de verdad escondida, aunque sea un 1 %. ¿En este caso, la verdad podría haber sido mezclada con mentira para inyectar consigo conceptos diabólicos? Por supuesto que sí. ¿Podría entonces ser verdad que Eva tuvo sexo con la serpiente, pero todo lo demás ser mentira? Sabemos que el racismo, la discriminación a la mujer y a cualquier persona NO es compatible con el cristianismo. Esta doctrina se encasilló en el gnosticismo, el cual sabemos que es diabólico y mentiroso. Y, de hecho, la doctrina puede en sí misma ser diabólica, pero el origen (el hecho en concreto de lo sucedido en el Edén) podría ser verdad.

Conclusiones de la segunda parte

Según la doctrina de la simiente de la serpiente, las referencias de Eva mordiendo una manzana o fruto prohibido serían entonces información cifrada de lo que en realidad tratan estos versículos clave del Génesis. Por consiguiente, la caída de la humanidad habría tenido su causa en que la primera mujer en la historia habría perdido la virginidad con la serpiente Nahash y habría llevado en su vientre a los mellizos Caín y Abel; el primogénito producto de la simiente de la serpiente y el segundo de Adán. El pecado en sí mismo no habría sido solo la desobediencia de hacer algo que Dios le dijo que no hiciera, sino, además, el adulterio cometido por ella con la serpiente y la posterior participación de Adán.

Empero, el mensaje lo vemos cifrado, aunque no oculto en su totalidad. La serpiente no solo sedujo a Eva, incitándola a desobedecer a Dios, sino que la alejó de su marido y la llevó a cometer adulterio, inaugurando los pecados sexuales que, más adelante, serían el talón de Aquiles de gran parte de la humanidad. Fue un pecado sexual el que produjo una estirpe dual de los mellizos concebidos en el útero de Eva.

Abel pertenecía a la estirpe de Adán y Caín a la de la serpiente y estos linajes (junto con el de los ángeles caídos) han estado en conflicto entre sí desde el comienzo, cuando Caín asesinó a su hermano mellizo. Esto lo lleva a ser desterrado, expulsado del Edén por obra de Dios, para partir hacia una zona donde no habitaba nadie, al este de la tierra de Nod.

> «Salió, pues, Caín de delante de Yahvé, y habitó en tierra de Nod al oriente de Edén» (Génesis 4:16).

Es curioso el hecho de que mucho antes de lo sucedido con Caín en el Edén, los ángeles caídos habían también sido expulsados y desterrados de la presencia de Dios.[96] Con Caín sucedió

96 Tanto Satanás como sus ángeles rebeldes fueron expulsados y arrojados del cielo a la tierra. Jesús dijo: «Yo veía a Satanás caer del cielo como un rayo» (Lucas 10:18). Y en el libro del Apocalipsis, el enemigo de la humanidad aparece como Satanás: «una estrella que cayó del cielo a la tierra» (Apocalipsis 9:1). En Apocalipsis 12:3-9, leemos sobre el dragón: «Y fue lanzado fuera el gran dragón, la serpiente antigua, que se llama diablo y Satanás, el cual engaña al mundo entero; fue arrojado a la tierra, y sus ángeles fueron arrojados con él». Como Satanás es mencionado

lo mismo, aunque el dato se vuelve aún más interesante si pensamos en que podría haber sido el primer híbrido de la historia, un descendiente directo de Satanás. Aquí tendríamos entonces el origen del primer linaje híbrido, la descendencia directa de Nahash, que luego dominaría Oriente y asentaría las bases de la nación del dragón (China). Estos híbridos, quienes dominan ese lado del mundo, se les ha conocido como *dracos*, y aquellas personas que han logrado verlos mencionan su imponencia, su aspecto albino, la altura excesiva, con gran fuerza y de aspecto reptil con alas y cuernos. ¿Pero qué sucede con el otro origen del linaje de la raza de víboras?

A continuación, veremos esto en más detalle.

---

como una estrella que cayó o que fue arrojada a la tierra, y Apocalipsis 12:4 dice que una tercera parte de las estrellas fueron arrojadas con él, entonces las estrellas de Apocalipsis 12 se refieren a los ángeles caídos, que son una tercera parte completa de las huestes celestiales. Si la tercera parte es un dato exacto, dos terceras partes de los ángeles se encuentran todavía al lado de Dios.

Tercera parte

Segunda hibridación, segunda rebelión

«Aconteció que cuando comenzaron los hombres a multiplicarse sobre la faz de la tierra, y les nacieron hijas, que viendo los hijos de Dios que las hijas de los hombres eran hermosas, tomaron para sí mujeres, escogiendo entre todas»
Génesis 6

La lujuria de los hijos de Dios

Génesis 6 indica que los ángeles vieron a las mujeres humanas hermosas y, por ende, las desearon, pero... ¿eso es en realidad posible? ¿Pueden los ángeles (caídos) sentir deseo carnal o lujuria? En principio, la respuesta es no, en vista de que los espíritus no pueden sentir deseos relacionados con la carne, aunque pueden sentir curiosidad por los placeres carnales. De hecho, desde siempre les ha llamado mucho la atención los sentidos de los hombres, poder sentir con la carne, con el cuerpo. Al margen de esto, lo principal de Génesis 6 es que los espíritus angélicos (caídos) decidieron mezclarse con humanas para dar origen a una descendencia, de la misma forma que Satanás había dejado su descendencia en Caín.

La especie humana recibió la interferencia de seres de naturaleza angélica para introducir un linaje alternativo que se ha perpetuado desde el principio de la historia hasta hoy en día: la raza de víboras, cuyas actividades han tenido y tienen una enorme relevancia para la humanidad y para el curso de los eventos mundiales. Estos seres de naturaleza angélica han influenciado en gran manera para que la humanidad escribiera su historia. Fueron responsables de la hibridación y el aporte del conocimiento a las civilizaciones antiguas. Sus descendientes, junto con el linaje de la serpiente, originaron lo que hoy llamamos «élite satánica». Su influencia no ha disminuido a lo largo de los siglos, sino todo lo contrario.

En el capítulo anterior hemos expuesto la teoría del origen de la simiente de Satanás (antes Lucifer), así como también que un grupo de ángeles caídos de alta jerarquía hizo lo mismo: se materializó y procreó con humanas, en lo que sería una segunda rebelión y una segunda hibridación. Si su comandante en jefe pudo hacerlo, ¿por qué ellos se quedarían atrás? Si Satanás lo había hecho, aunque había sido castigado muy duro por Dios, ellos, como ángeles rebeldes de alta jerarquía, debían probar que no se acobardaban y podían imitar a su comandante en jefe. Existían, de hecho, varias razones que los impulsaban a emprender la misión de lograr una descendencia tras mezclarse con humanas. Aunque sabían que dicho desafío y acto de rebeldía hacia el Creador podía tener un alto precio, ellos estaban dispuestos a pagarlo.

Recordemos que antes de crear a los seres humanos, Dios creó a los ángeles, criaturas espirituales interdimensionales. En determinado momento, Él les puso una prueba,[97] la cual algunos pasaron y otros no. Varios ángeles, impulsados por sentimientos de rebeldía y cuestionamiento hacia Dios, nacidos dentro de su ser, habían comenzado un proceso de insurrección y deformación espiritual que los llevó, al final, a alinearse con el ejército rebelde liderado por Lucifer.

Estaba comenzando la primera rebelión de los ángeles contra Dios, quienes no prevalecieron y fueron expulsados del cielo, cuando cayeron con Lucifer (a partir de ese momento, Satanás) y sus ángeles caídos (un tercio de la creación total de ángeles) a la tierra. Este, luego de mezclarse con Eva para lograr dar origen al primer híbrido de la historia (Caín) y provocar la caída de Adán y Eva, otros ángeles caídos pensaron en hacer lo mismo,

---

97 Ver *Luz en la oscuridad: demonología moderna* (pp. 90-91). Los ángeles que se rebelaron, se negaron a adorar al Creador hecho hombre, una especie que consideraban notablemente inferior.

por lo que en Génesis 6 se indica que un grupo de ángeles caídos interactuó tanto directo como íntimamente, mezclándose con humanas y dando origen a una raza híbrida: los gigantes nefilim.

Al lograr una hibridación en el Jardín del Edén, Satanás obtuvo, por fin, lo que deseaba: romper el vínculo de Dios con sus criaturas (Adán y Eva) y contaminar el ADN humano.

Debido a la imitación de Satanás, comandante en jefe del infierno, un pequeño grupo de ángeles rebeldes descendió (se materializó) en el monte Hermón y se presentó ante los humanos en la era antediluviana, haciéndose pasar por dioses. Además, esos ángeles convivieron con ellos, transmitiendo grandes y prohibidos conocimientos y una sabiduría atrapante pero dañina que tenía como objetivo alejar de forma definitiva al humano de Dios. Tomaron para sí diferentes mujeres y se mezclaron con ellas. Esta fue la segunda rebelión y la segunda hibridación.

Algunos estudiosos indican que entre esos ángeles caídos se encontraba Satanás, aunque el Libro de Enoc menciona que el líder se llamaba Shemihatza, pero esta suposición se desvanece ni bien conocemos que su fin había sido las prisiones de oscuridad (Judas 1:6). Por el contrario, el diablo se halla suelto, de hecho, había sido condenado a vagar por la tierra, rodeándola (Job 1:7).[98]

---

98 Desde que cayó a la tierra, a Lucifer se lo conoce como Satanás, para designar su oposición a Dios y su característica de adversario y acusador de la humanidad. En el Antiguo Testamento, especialmente en Job 1:7, vemos cómo Satanás estaba en la tierra, aunque había perdido su condición de querubín celestial. Sin embargo, podía retornar al cielo hasta la presencia de Dios: «Un día vinieron a presentarse delante de Yahvé los hijos de Dios, entre los cuales vino también Satanás. Y dijo Yahvé a Satanás: ¿De dónde vienes? Respondiendo Satanás, dijo: De rodear la tierra y de andar por ella. Y Yahvé dijo a Satanás: ¿No has considerado a mi siervo Job, que no hay otro como él en la tierra, varón perfecto y recto, temeroso de Dios y apartado del mal? Respondiendo Satanás a Yahvé, dijo: ¿Acaso teme Job a Dios de

Estos ángeles caídos fueron castigados con mucha dureza por Dios, debido a que estaba prohibida la mezcla de dos especies diferentes (ángeles y seres humanos).

¿Pero es en realidad posible que pueda concretarse un vínculo íntimo entre un ser espiritual y uno de carne y hueso? Sin lugar a duda, es posible. Lo hizo Satanás en el Edén, ¿por qué no podrían hacerlo también estos ángeles caídos? En *Demonios del sexo: íncubos y súcubos. Demonología y sexualidad* vimos a los demonios sexuales que atacan en el área de la intimidad desde hace miles de años. El interés del diablo y los demonios por la mezcla y perversión del ADN humano ha sido una constante a lo largo de los milenios.

Lo revelado en la Biblia sobre la mezcla de ángeles «dioses» (demonios) y humanos son muy similares a los de otras culturas y épocas, donde coinciden en que seres «de otros mundos» convivieron y se mezclaron con mujeres nativas. Los *anunnaki*,[99] dioses del cielo que convivieron con los humanos, son un ejemplo de fábula que tiene un origen verdadero con respecto a la

---

balde? ¿No le has cercado alrededor a él y a su casa y a todo lo que tiene? Al trabajo de sus manos has dado bendición; por tanto, sus bienes han aumentado sobre la tierra. Pero extiende ahora tu mano y toca todo lo que tiene, y verás si no blasfema contra ti en tu misma presencia. Dijo Yahvé a Satanás: He aquí, todo lo que tiene está en tu mano; solamente no pongas tu mano sobre él. Y salió Satanás de delante de Yahvé» (Job 1:6-12; 2:2). Su carácter de oposición también lo vemos en Zacarías 3:1 cuando dice: «Me mostró al sumo sacerdote Josué, el cual estaba delante del ángel de Yahvé, y Satanás estaba a su mano derecha para acusarle». Sin embargo, en la cruz de Cristo, fue definitivamente derrotado, perdiendo el privilegio de llegar hasta la presencia de Dios para oponerse y acusar a los humanos. Para confinar a Satanás de una vez por todas en la tierra era indispensable el sacrificio de Jesús en la cruz, la poderosa sangre del cordero derramada. Con su sacrificio en la cruz y su posterior ascenso, Cristo hizo que el diablo y sus demonios perdieran toda posibilidad de llegar al cielo hasta la presencia de Dios, sin posibilidad de retorno.

99 Ver *Mensajeros del engaño: demonios en piel alienígena* (p. 85).

mezcla de seres angelicales con humanos. El aspecto físico de tales dioses se encuentra en algunas esculturas y ha quedado plasmado en distintas imágenes, siempre representados con rasgos de reptil. ¿Tendría esto alguna relación con la serpiente Nahash del Jardín del Edén?

Los demonios siempre han deseado que la humanidad los adore, les rinda culto, los homenajee y se sacrifiquen porque desean usurpar el lugar de Dios como creador. De hecho, la base y el fundamento de la fábula de los Anunnaki y los extraterrestres es hacer creer que fueron ellos quienes crearon al ser humano, y no Dios: «Porque vendrá tiempo cuando no sufrirán la sana doctrina, sino que, teniendo comezón de oír... apartarán de la verdad el oído y se volverán a las fábulas» (2 Timoteo 4:4).

¿Cómo los ángeles caídos, siendo seres espirituales, pudieron fornicar en lo físico con humanas?

Recordemos lo visto en la trilogía anterior de libros. Sabemos que los demonios pueden materializarse por algunos momentos, dejar marcas físicas e, incluso, objetos a su paso. ¿Por qué entonces no serían capaces de concretar una relación sexual? En la Biblia hay pasajes de ángeles ingiriendo alimentos y bebidas como si tuvieran esófago y estómagos físicos, como si de alguna forma dichos órganos se hiciesen físicos, materiales. ¿Por qué entonces sería imposible materializar, en dicho momento, órganos sexuales? Me refiero a que, si logran hacerse visibles y materiales, esto incluye también la materialización física de dichos órganos. Hacerse visibles y tangibles en todo sentido, aunque sea por un lapso de tiempo determinado.[100]

---

100 Ver *Mensajeros del engaño: demonios en piel alienígena* (pp. 94-97).

Por otra parte, los demonios también pueden poseer cuerpos humanos, quizá durante esa posesión concretaron el coito. Las posibilidades son varias. Podemos apenas hacer conjeturas y elaborar hipótesis, empero, la respuesta concreta y definitiva nadie la tiene. Solo Dios la sabe. A nosotros nos basta con saber que la Biblia relata que esto sucedió. De hecho, el tema de la intimidad entre demonios y humanos no se limitó solo a este hecho concreto. Lo siguieron haciendo de varias formas. La más conocida son los ataques de demonios sexuales (íncubos y súcubos) donde la víctima (humano) siente como si estuviera concretando el acto sexual a nivel físico. Sobre este tema hemos expuesto suficiente información en *Demonios del sexo: íncubos y súcubos. Demonología y sexualidad*.

El libro de José Antonio Fortea, *Enoc y los nefilim*, explica que quienes cometieron esta atrocidad fueron los ángeles rebeldes, sin embargo, estos, al ser criaturas espirituales, no pueden sentir deseos carnales ni lujuria ni desear a esas mujeres, sino que estos sentimientos son posibles tan solo en seres materiales, corporales, pues es algo biológico. No obstante, ¿podrían acaso los ángeles rebeldes sentir curiosidad espiritual de lo que se sentiría el placer carnal? El deseo de lujuria (es decir, la fornicación) se habría aplicado a hombres y mujeres por igual. Por ese motivo, íncubos y súcubos, es decir, los mismos demonios, pueden actuar como entidades duales.

Una vez más, surge la interrogante: ¿cómo sería esto posible? El autor se basa en la opinión de Tomás de Aquino. Si un espíritu no tiene cuerpo, buscaría hacerse súcubo para tomar la semilla de un hombre y ponerla en la mujer a través de un íncubo.

Volviendo al tema planteado al comienzo de este capítulo, el hecho de que se mencione con claridad que hayan visto hermosas a las hijas de los hombres puede dar la impresión de que las desearon de modo carnal. ¿Pudieron acaso entonces los ángeles caídos haber tenido apetitos sexuales? No con exactitud, pero al haberse deformado a nivel espiritual, siempre les ha provocado curiosidad qué se siente tener sentidos físicos, las sensaciones, el placer sexual, y todas esas cosas que ellos no saben porque son espíritus.

Ellos ansían ardientemente poseer cuerpos. No son los espíritus de los gigantes quienes son los demonios, sino los propios ángeles caídos. Sí es cierto que ellos desean experimentar qué se siente tener un cuerpo físico. En las posesiones diabólicas, esto se concreta en gran parte al tener el cuerpo de la víctima a su disposición. Recordemos que, en la posesión, el demonio se apodera del cuerpo y de la mente del poseso, pero jamás del alma. Esa es la principal diferencia con la integración. En esta última se produce una fusión con el demonio en cuerpo, mente y alma. Sin duda, la integración es el estado más anhelado por los demonios.

Por consiguiente, tanto la experiencia de la serpiente en el Edén como lo cometido por los vigilantes se relaciona con la impureza sexual, el adulterio y la fornicación. ¿Seres celestiales atraídos solo por la sexualidad humana y por sentir placeres carnales? No del todo, debido a que existieron propósitos mucho más profundos por detrás de estas acciones de los demonios y del propio Satanás.

La Biblia guarda absoluto silencio al respecto acerca de si los ángeles pueden o no mantener relaciones sexuales. Las opiniones entre los teólogos están divididas. Aquellos que se oponen a esta idea suelen citar Mateo 22:30 para justificar que en el cielo los ángeles no se casan. Sin embargo, en este versículo, Jesucristo habla tan solo de los ángeles de Dios en los cielos, pero no menciona, de manera específica, si los seres angélicos (caídos) pueden o no mantener relaciones sexuales, pues lo que intenta explicar en este versículo es que las personas en el cielo no se casarán. De ninguna forma Jesucristo está explicando ni dando detalles sobre la vida sexual de los demonios.

Por otra parte, y como fue mencionado más arriba, existen algunas apariciones de ángeles que han adquirido aspecto humano, tangible y material como los tres ángeles que se le aparecieron a Abraham (Génesis 18:8), donde no solo le lavaron los pies, sino que también ingirieron alimento. Dentro de las innumerables habilidades angelicales se encuentra la capacidad de hacerse tangible y material por un espacio de tiempo limitado. Otro dato interesante que nos ofrece el libro *Enoc y los nefilim* de J. A. Fortea es que, si bien los demonios se mostraron con aspecto humano, aquellos hombres y mujeres que fornicaron con ellos (tal como sucede en la actualidad y ha sucedido siempre), de alguna forma sabían en su inconsciente que aquellos eran espíritus inmundos. Porque algo tan grave a los ojos de Dios no puede acontecer sin que los autores siquiera sospechen lo que hacen. Algún detalle en su apariencia siempre los delata: sus ojos, la mirada, la piel, su comportamiento, algo siempre denota el origen inmundo de tales espíritus materializados. En el caso de aparecerse como espíritus de luz, tal es el caso de los llamados «extraterrestres buenos», también es posible pillarlos a través de lo que dicen. Hemos visto cómo sus mensajes siempre van en contra de lo que nos revela la Biblia, o bien tales entidades aparecen en contextos de ocultismo, espiritismo, invocación, satanismo o *new age*.[101]

101 Me refiero a los seres que se presentan como extraterrestres buenos: la Hermandad Blanca, la Confederación Galáctica de la Luz, los seres de la quinta

¿Por qué la obsesión de Satanás y sus ángeles rebeldes por la hibridación?

Comprender los verdaderos motivos de la fijación de los demonios por la hibridación es fundamental. Sin duda, el objetivo principal era enfrentar a Dios. Desde que fracasaron en la rebelión en los cielos y tras haber sido arrojados a la tierra, buscaban venganza. La primera hibridación ya la había concretado el propio Satanás. Este sabía a la perfección que la nueva creación (Adán y Eva) solo podía reproducirse entre ellos (hombre y mujer). Pero la sola idea de provocarle otro disgusto al Creador lo llenaba de satisfacción. Lo mismo pensaron los demás ángeles caídos. Además de considerar que la idea de pervertir la genética humana era deliciosa, también era necesaria para intentar impedir la venida del mesías (Dios hecho hombre) por parte de la simiente de una mujer e impedir, a toda costa, que se cumpliera Génesis 3. Había que evitar que se cumpliera la profecía y que el hijo de Dios viniera al mundo.[102]

Por otra parte, si producían su descendencia, esta podría también dificultar que el pueblo elegido por Dios (el pueblo hebreo) conquistara la tierra prometida. Sus descendientes, sin duda, serían un obstáculo difícil de derrotar. Y, al final, porque la idea de tener su descendencia era irresistible. Una raza híbrida ángel-humano sería, de forma muy clara, superior a los hombres, facilitaría mucho los planes de conquistar el mundo y esclavizar a toda la raza humana. Ellos serían los reyes, los poderosos y

---

dimensión, los pleyadianos, los maestros ascendidos, etc. Para más información, consultar *Mensajeros del engaño: demonios en piel alienígena*.

102 Los demonios sabían los planes de Dios, pues este se los habría revelado cuando eran aún ángeles en el cielo, momentos antes de la prueba angélica. Para más información, ver *Luz en la oscuridad: demonología moderna*.

vivirían adorados por los hombres como linaje superior, el linaje real, la élite que dominaría al planeta.

De una forma u otra, habían logrado la hibridación por la conformación de la raza de víboras o élite satánica de poder, que se autoproclamó superior y con derecho (según ellos, legítimo) a gobernar por encima de todos los demás, a quienes no solo consideran inferior, sino dignos de desprecio. Por eso (según ellos) todos los seres humanos descendientes del linaje Adán-Eva merecen ser controlados y esclavizados. La élite de poder, el conjunto de familias híbridas que descienden directamente de la simiente de la serpiente, de la mezcla entre demonios y humanas (nefilim), o incluso integrados del linaje noble, representan menos del 1 % de la población mundial. Es una abrumadora minoría, sin embargo, retienen el dinero y el control mundial en sus manos, en vista de que son las familias que han estado en el poder en todas las épocas y culturas (faraones, monarcas, nobles, etc.), los «linajes puros» o «linajes reales».

¿Cuáles fueron los motivos que llevaron a los ángeles rebeldes a decidir mezclarse con las humanas?

1. Su comandante en jefe, Satanás, ya había dado el primer paso en el Edén, originando a la simiente de la serpiente, por lo que, siguiendo este ejemplo, un grupo de ángeles caídos decidió también hacerse tangible y mezclarse con humanas.
2. Aunque sus intereses no eran movidos por deseos carnales ni lujuriosos, sentían profunda curiosidad por experimentar las sensaciones del sexo con humanos.
3. El objetivo principal era enfrentar a Dios y continuar la rebelión que se había iniciado en el cielo. Habían sido arrojados a la tierra, pero querían venganza. Sabían que

Dios había establecido que los humanos solo podían reproducirse entre ellos (hombre y mujer). La sola idea de provocarle otro disgusto al Creador los llenaba de gozo.

4. Pensaban que la idea de pervertir la genética humana era deliciosa pero, además, necesaria para intentar impedir la venida del mesías (Dios hecho hombre) de parte de la simiente de una mujer y se cumpliera Génesis 3. Uno de sus propósitos era impedir el cumplimiento de la profecía y que el hijo de Dios viniera al mundo.
5. Si producían su descendencia, esta podría impedir que el pueblo elegido por Dios (judíos) conquistara la tierra prometida. Sería un obstáculo difícil de derrotar.
6. La idea de tener su descendencia era irresistible. Crear una raza híbrida que gobernara, junto con la simiente de la serpiente, el mundo entero, era, según ellos, fantástica. Es cierto que dicha raza sería superior a los humanos, facilitaría mucho los planes de conquistar el mundo y esclavizar a toda la raza humana. Sus descendientes serían los reyes, los poderosos y vivirían siendo adorados.
7. La hibridación[103] ha sido, desde el comienzo, la obsesión de Satanás y de sus ángeles caídos. Siempre lo ha sido y aún lo es.

La Biblia nos indica que la segunda venida de Jesucristo sería como en los días de Noé,[104] cuando el mundo estaría inundado

103 Ver *Mensajeros del engaño: demonios en piel alienígena* (pp. 90-93).

104 «Mas como en los días de Noé, así será la venida del Hijo del Hombre. Porque como en los días antes del diluvio estaban comiendo y bebiendo, casándose y dando en casamiento, hasta el día en que Noé entró en el arca, y no entendieron hasta que vino el diluvio y se los llevó a todos, así será también la venida del Hijo del Hombre» (Mateo 24:37-39).

de maldad, enfriamiento del amor, alejamiento del Creador, perversiones sexuales, idolatría a todo nivel y una terrible corrupción del ADN humano, tal cual como en aquellos tiempos antiguos. A su vez, algunas teorías afirman que, en la época de Noé, los ángeles caídos habían realizado manipulaciones genéticas mezclando ADN humano con animales. La raza de víboras dominaba por completo, de hecho, era una absoluta mayoría. Sabemos que estamos en los últimos tiempos porque ya estamos como en los días de Noé. Presenciamos, en la actualidad, una auténtica invasión demoniaca. Y no es de extrañar, pues, en el fin de los tiempos, Dios permitiría la actuación mucho más directa y agresiva de los demonios.

> «¡Ay de los moradores de la tierra y del mar!, porque el diablo ha descendido a vosotros con gran ira, sabiendo que tiene poco tiempo» (Apocalipsis 12:12).

Hijos de Dios e hijas de los hombres

¿Gigantes híbridos o seres humanos altísimos?

Una hipótesis defendida por algunos teólogos afirma que los nefilim no eran gigantes como tal, sino hombres altísimos, que las leyendas se encargaron de alimentarlos y transformarlos en colosos. No obstante, según esta teoría, ellos serían el resultado de que la humanidad se dividiera en dos ramas: una buena, los descendientes de Set; y una mala, los descendientes de Caín. En este contexto, los hijos de Dios serían los descendientes de Set y las hijas de los hombres conformarían las mujeres descendientes de Caín, por lo que estaríamos hablando de una mezcla natural. Sin embargo, la mezcla natural aquí resulta poco probable e incluso fantasiosa, gracias a que la expresión «hijos de Dios» (en hebreo, *Bnei ha' Elohim*) aparece también en otros versículos de la Biblia, donde se refiere, en específico, a seres de naturaleza angélica, a los ángeles.

> «Un día vinieron a presentarse delante de Yahvé los hijos de Dios, entre los cuales vino también Satanás» (Job 1:6).
> «Aconteció que otro día vinieron los hijos de Dios para presentarse delante de Yahvé, y Satanás vino también entre ellos presentándose delante de Yahvé» (Job 2:1).
> «Cuando alababan todas las estrellas del alba, y se regocijaban todos los hijos de Dios» (Job 38:7).

La segunda teoría, que tiene mucho más sustento bíblico, es que estos nefilim son una raza híbrida resultado del mestizaje entre ángeles rebeldes y humanas, por tanto, es una mezcla preternatural. La lógica indica que si hubiera sido una unión entre humanos (mezcla natural), jamás podría haber producido una descendencia con características extraordinarias.

En algunas versiones pareciese indicar que ya existían los nefilim cuando la unión entre demonios y humanos se produjo. «Había gigantes en la Tierra en aquellos días, también después que se llegaron los hijos de Dios a las hijas de los hombres y les engendraron hijos» (Génesis 6:4). El versículo podría decir que YA HABÍA gigantes en la Tierra ANTES de que esta mezcla se produjese. ¿Cómo sería esto posible? ¿Acaso esos gigantes surgidos antes de esta mezcla podrían ser descendientes de Caín? Siguiendo la línea de investigación, Caín habría sido el primer híbrido. ¿Podría acaso la semilla de la serpiente haber dado lugar al inicio de la raza de gigantes? ¿Eran los gigantes, que existían antes de la mezcla entre ángeles y humanas, los descendientes de

Nahash? Es muy probable que sí. Una vez más, solo podemos especular, en vista de que la Biblia no lo especifica.

En consecuencia, Génesis 6 afirma que los hijos de Dios codiciaron a las hijas de los hombres (*Bnot ha Adahm*). En algunas traducciones afirman que las deseaban. No obstante, estos hijos de Dios son seres angelicales. El término «hijo de Dios», en hebreo *Bnei ha Elohim*, se usa para mostrar el contraste con las hijas de los hombres de Elohim a Adán.[105] Esta exactitud en marcar la diferencia en los términos originales hebreos indica la especie humana en contraste con una especie de origen no natural (preternatural). Por consiguiente, no deja lugar a duda que la mezcla fue de orden preternatural y no natural.

Por último, la existencia de humanos altos en demasía se denomina gigantismo y es una enfermedad. Estos seres eran muy altos, pero sanos, fuertes y ágiles. Jamás una mezcla natural entre hombre y mujer humanos podría haber dado como resultado este tipo de seres extraordinarios, aunque bastante malvados y pervertidos. Veamos esto con más detalles a continuación.

¿Podrían los gigantes haber padecido de gigantismo y no haber sido una raza híbrida?

Tal y como afirma el párrafo anterior, el gigantismo es una enfermedad y es causada por anormalidades que conducen a una producción excesiva de las hormonas de crecimiento. Es realmente muy poco probable que Goliat, los nefilim, los anaceos o los otros gigantes presentes en el Antiguo Testamento sufrieran de esa condición, debido a que solían describirlos como

105 En hebreo, se utiliza para referirse exclusivamente a descendientes de raza humana, de Adán.

guerreros valientes, con una agilidad y unas habilidades extraordinarias. Aquellos que sufren de gigantismo suelen ser torpes en sus movimientos, descoordinados y padecen, además, distintas dolencias físicas.

Goliat, el gigante que David eliminó, era un guerrero desde su juventud (Samuel 17:33). Cuando se padece la enfermedad del gigantismo, y a medida que pasa el tiempo, aumentan los problemas en los huesos, los cuales se vuelven quebradizos. La musculatura es cada vez más inestable y la movilidad se ve afectada, justo por ser una patología, una condición anormal.

Debe quedar claro que estos gigantes no eran seres afectados por alguna dolencia que limitara sus movimientos, sino todo lo contrario, pues fueron llamados como los valientes de la antigüedad y hombres de renombre. Es claro que Goliat no poseía ninguna enfermedad y tampoco tenía problemas de movilidad, es más, se le describe como gran guerrero y no como un hombre alto en exceso con problemas de movilidad.

Por otra parte, el gigantismo no es hereditario. La Biblia describe a los gigantes como descendientes de los nefilim.

Además, no es posible que, de la unión de hombres malvados y mujeres humanas, aunque de descendencia buena, salga una raza de gigantes con habilidades extraordinarias. Eso no tiene sentido.

El castigo de los ángeles

> «El Señor le dijo a Rafael: "Encadena a 'Asa'el de pies y manos, arrójalo en las tinieblas, abre el desierto que está en Dudael y arrójalo en él; bota sobre él piedras ásperas y cortantes, cúbrelo de tinieblas, déjalo allí eternamente sin que pueda ver la luz, y en el gran Día del Juicio que sea arrojado al fuego"».

> «Y a Miguel le dijo el Señor: "Ve y anuncia a Shemihaza y a todos sus cómplices que se unieron con mujeres y se contaminaron con ellas en su impureza, ¡que sus hijos perecerán y ellos verán la destrucción de sus queridos"».
> «Encadénalos durante setenta generaciones en los valles de la tierra hasta el gran Día de su Juicio. En esos días se les llevará al abismo de fuego, a los tormentos y al encierro en la prisión eterna. Todo el que sea condenado, estará perdido de ahí en adelante y será encadenado con ellos hasta la destrucción de su generación».

Vemos en el Capítulo 10 del Libro de los Vigilantes cómo Dios anuncia el castigo a estos ángeles rebeldes, quienes fueron descubiertos y castigados por Él. Su pecado había sido demasiado grave tras ir por carne ajena que no les correspondía (humanas), cometiendo pecado de fornicación, pervirtiéndose aún más y también al ADN humano. Los ángeles no debían reproducirse, los humanos sí debían de hacerlo, pero solo entre ellos (hombre y mujer).

La Biblia menciona que fueron enviados a prisiones de oscuridad.

> «Y a los ángeles que no guardaron su dignidad, sino que abandonaron su propia morada, los ha guardado bajo oscuridad, en prisiones eternas, para el juicio del Gran Día» (Judas 1:6).
> «Porque si Dios no perdonó a los ángeles que pecaron, sino que arrojándolos al infierno los entregó a prisiones de oscuridad para ser reservados al juicio» (2 Pedro 2:4).

Empero, solo este grupo permanece en prisiones de oscuridad hasta el día de hoy; los demás ángeles caídos (demonios) se encuentran libres, incluyendo a Satanás, aunque este último se encuentra confinado a recorrer la Tierra.

Estos híbridos, resultantes de la mezcla entre especie humana y angélica, fueron eliminados en el diluvio universal por el mismo Dios. Sin embargo, después del mismo, la Biblia advierte que otra vez había gigantes en la Tierra (aunque en mucho menor número). Pero si los gigantes habían sido destruidos en el diluvio, ¿cómo es esto posible? Más adelante lo veremos con detalles, pero una de las hipótesis es que otros ángeles caídos cometieron el mismo pecado, lo cual no sería muy descabellado, sabiendo su obsesión por la hibridación y que han manipulado genéticamente a los animales, a los seres humanos y, posiblemente, han sido los responsables de fabricar seres híbridos con aspecto de extraterrestres grises y reptilianos. Aunque surge una interrogante: si esta abominación hubiera sido cometida de nuevo, ¿no debería constar en algún pasaje bíblico? Es algo demasiado importante como para ignorarlo, ¿no creen?

En el libro *Mensajeros del engaño: demonios en piel alienígena* explico un poco más la hibridación que se conecta en la actualidad con algunos casos de mujeres que afirman haber tenido intimidad con seres «extraterrestres», aunque, en realidad, son los mismos ángeles caídos de siempre, en dichos casos, íncubos. Allí también menciono que tales seres de otros planetas son, en verdad, demonios llevando a cabo el último gran engaño a la humanidad.

Sabemos, entonces, que la intimidad entre demonios y humanos no se limitó solo a este hecho concreto de los nefilim, sino que continuó produciéndose de varias formas. La más conocida son los ataques de demonios sexuales (íncubos y súcubos) donde la víctima (humano) siente como si estuviera concretando el acto sexual de forma física. Esto se halla bastante explicado en el libro *Demonios del sexo: íncubos y súcubos. Demonología y sexualidad*. Del mismo modo, allí pueden encontrar cómo durante las relaciones sexuales ilícitas como fornicación, adulterio, promiscuidad y fuera del matrimonio ocurren transferencias, no solo de enfermedades físicas y espirituales, sino también de espíritus inmundos.

Cuando dos personas se unen en un acto sexual, se unen a su vez las almas. Hay un intercambio espiritual en el que se funden dos campos de energía. El momento del clímax es el más importante, pues es cuando ocurre la explosión de energía de la cual se alimentan los demonios sexuales. En ese momento, se abre un canal muy especial y energético por donde los demonios sexuales pueden infiltrarse. Entonces, la persona contaminada se vuelve un vehículo de contaminación para otras personas, cuando esta tiene relaciones con otros. Esta es la razón espiritual del por qué la élite satánica se ha encargado en el último siglo de promover la libertad (libertinaje) sexual.

Los ángeles caídos han proporcionado conocimiento a la humanidad desde los comienzos, además de la necesaria información para que sus descendientes pudieran dominar todos los caminos y atajos para la invocación y posterior apertura de portales y canales de energía. Ese es el gran objetivo detrás de los rituales satánicos y de la magia sexual. El sexo practicado de forma incorrecta es, incluso, una fuerte herramienta para influenciar, poseer e integrar, además de succionar, la energía vital. Los pecados sexuales, unidos al alcohol y a las drogas, forman un coctel letal para la humanidad. El alcohol y las drogas[106] tienen la capacidad de alterar la mente, los pensamientos y el comportamiento de los individuos, al punto de quedar muy vulnerables a los ataques demoniacos, abriendo portales y canales de energía. Este es el real motivo por el cual la élite ha invertido tanto dinero en las últimas décadas en darles publicidad tanto al alcohol como a las drogas, sobre todo entre los jóvenes. Es una forma de abrir una puerta de entrada a estas entidades malignas.

En la próxima parte, echaremos un vistazo más profundo a los nefilim, los gigantes, producto de la unión entre ángeles caídos y humanas. ¿Cómo eran? ¿Fueron en realidad exterminados? ¿Habrían sido ellos la verdadera causa del diluvio universal?

106 Para saber más sobre el demonio Algol, ver *Luz en la oscuridad: demonología moderna* (p. 235).

Cuarta parte

Gigantes nefilim
Los hijos de los caídos

«Había (nefilim) gigantes en la Tierra en aquellos días, y también después de que llegaron los hijos de Dios a las hijas de los hombres, y les engendraron hijos. Estos fueron los valientes que desde la antigüedad fueron varones de renombre»
Génesis 6:4

El Libro de los Gigantes

Toda cultura antigua posee leyendas y/o fábulas mitológicas de seres sobrenaturales que llegaron a la Tierra y se mezclaron genéticamente con los humanos. Como sabemos, en la Biblia lo vemos con claridad. Pero los relatos del mismo tipo pueden hallarse en otros textos como el Libro de Jaser,[107] en el de los jubileos y en el manuscrito del Mar Muerto, en específico, el Libro de los Gigantes. Este es un libro judío apócrifo que junto con 1 de Enoc intentaba explicar cómo la maldad se había vuelto tan generalizada y poderosa antes del diluvio, que Dios se vio obligado a intervenir, ocasionando el diluvio universal.

Este Libro de los Gigantes fue descubierto en Cumrán. Data antes del siglo II a. C. y es una narración antediluviana. Las tradiciones más antiguas del libro se originan en copias arameas de un libro de gigantes entre los rollos del Mar Muerto. Habla de los orígenes y el destino de estos gigantes y sus padres, los vigilantes, llamados «grigori» en el libro 2 de Enoc. La descendencia de estos vigilantes (ángeles caídos) fue llamada como nefilim, *gibborim* o *refaím*, siendo razas mestizas terrenales que se opusieron a Dios y que cometieron todo tipo de atrocidades contra los humanos.

---

107 El Libro de Jaser era una antigua colección de poesías que exaltaban las hazañas de los héroes de Israel. Es citado en Josué 10:13: «Y el sol se detuvo y la luna se paró, hasta que la gente se hubo vengado de sus enemigos. ¿No está escrito esto en el Libro de Jaser? Y el sol se paró en medio del cielo, y no se apresuró a ponerse casi un día entero». 2 Samuel 1:18 dice: «y dijo que debía enseñarse a los hijos de Judá. He aquí que está escrito en el Libro de Jaser». Y en 1 Reyes 8:53 se menciona: «porque tú los apartaste para ti como heredad tuya de entre todos los pueblos de la tierra, como lo dijiste por medio de Moisés tu siervo, cuando sacaste a nuestros padres de Egipto, oh Señor Yahvé». El libro se ha perdido, y uno que circulaba con ese nombre desde 1751 era una falsificación moderna.

Los fragmentos maniqueos dan a estos malvados el nombre de demonios, sin embargo, en griego, Enoc los llama *bastardos*.[108]

El Libro de Enoc

Portales del paralelo 33

Según lo antes citado, en casi todas las antiguas culturas se mencionaba la existencia de gigantes, por ejemplo, la vasca, los vedas y puranas hindúes, la griega, la germánica y, por supuesto, en la antigua sumeria, donde la epopeya[109] de Gilgamesh[110] relataba la historia de un semidios gigante, mitad dios y mitad humano (un híbrido).

El libro 1 de Enoc relata el origen de los gigantes, que radicaba en el descenso y juramento en el monte Hermón por parte de los vigilantes, seres interdimensionales de naturaleza angélica. ¿Existía acaso antes del diluvio algún portal abierto desde la

108 El significado primario de *bastardo* es un individuo que ha nacido fuera del matrimonio. Estos gigantes fueron producto de una mezcla entre ángeles caídos y humanas. Simbólicamente, son producto de adulterio y fornicación. En este contexto aplica a una unión infame, inmunda, entre dos seres de diferentes especies (humana-angélica), lo cual Dios ya había aclarado que no podía concretarse, por lo que el producto de dicha unión recibió el nombre de parte de Enoc de bastardos.

109 La epopeya es una composición literaria en verso donde se relatan grandes hazañas de héroes, los cuales generalmente forman parte del origen de una estirpe o de un pueblo.

110 Hace cinco mil años, un rey llamado Gilgamesh gobernó la ciudad mesopotámica de Uruk. Fue considerado dios y héroe, y sus hazañas lo hicieron protagonista de la primera epopeya de la historia, centrada en su desesperada búsqueda de la inmortalidad. En ella aparece, por primera vez, el tema del diluvio universal. A lo largo de las doce tablillas del poema, se muestra a Gilgamesh como un héroe mítico, de 5,60 metros de altura (el doble que Goliat), compuesto en sus dos terceras partes de esencia divina, es decir, un hibrido (nefilim). Dos serán las premisas de su actuación: la búsqueda de la gloria, y, sobre todo, la búsqueda de la inmortalidad, que tiene lugar en un contexto narrativo sombrío, caracterizado por la soledad y el temor a la muerte.

otra dimensión a través del cual los ángeles caídos atravesaron y se materializaron en este plano dimensional? El monte Hermón, lugar donde «descendieron» estos ángeles caídos era (es) un portal ubicado en el paralelo 33.[111]

Es, además, un lugar cargado de puntos energéticos, donde se cruzan líneas ley.[112]

El libro 1 de Enoc no es reconocido por la Iglesia cristiana ni la Iglesia católica romana, sin embargo, forma parte de la Biblia de la Iglesia copta ortodoxa y la católica copta. Se le atribuye autoría a Enoc, bisabuelo de Noé, no obstante, es sabido que

---

111 El paralelo 33 es un poderoso portal interdimensional. El número 33 siempre ha estado vinculado a la élite satánica y sus rituales, y es tenido como mágico cuando celebran sus ritos y sitúan sus grados de iniciación. De hecho, el paralelo 33 juega un papel muy importante cuando se trata de desastres y desgracias en el mundo moderno. Los paralelos son líneas que rodean la Tierra, como anillos en sentido oeste-este y que forman su perímetro más amplio en la línea central correspondiente a 0°, conocida como el ecuador. Los meridianos conforman las líneas divisorias verticales extendidas desde el Polo Norte al Sur, con su grado de latitud 0°, en el meridiano de Greenwich.

Existen, por lo tanto, dos paralelos 33: uno al norte y otro al sur del ecuador. Aviones y barcos han desaparecido sin dejar rastro en el Triángulo de las Bermudas, luces extrañas en el cielo que aparecen y desaparecen, las Luces de Phoenix, la Batalla de los Ángeles en 1942, el caso de Roswell en Nuevo México en 1947. Algunos hechos sucedidos en este paralelo relacionados a construcciones o creaciones son: la primera prueba de la bomba atómica que se realizó en Nevada, en el sitio de pruebas llamado Trinity (Nuevo México), y que sería arrojada sobre Hiroshima y Nagasaki, en Japón; Baalbek, la piedra más grande del mundo, se encuentra en Líbano y es el principal lugar de sacrificios humanos en el planeta; la Gran Pirámide está localizada sobre este paralelo; la posible locación del Edén, lo que es ahora Iraq. Con respecto al paralelo norte, los países más ricos del mundo se encuentran en este paralelo, mientras que los más pobres están al sur.

112 Son líneas energéticas, campos magnéticos terrestres, alineaciones de energía que se localizan en vórtices magnéticos, los cuales son portales interdimensionales. Por eso, la raza de víboras instruyó en el pasado a los hombres a que construyeran sus lugares sagrados (círculos de piedra, monumentos megalíticos, cementerios, iglesias, etc.) en estos lugares para realizar rituales de ofrenda, invocaciones, sacrificios y adorar a dioses (demonios).

sus autores han sido unos rabinos judíos. Contiene material sobre los orígenes de los demonios y los ángeles caídos. Menciona el diluvio universal y describe la caída de los vigilantes, los ángeles que dieron origen a los nefilim. También describe las visitas de Enoc al cielo en forma de viajes, visiones y sueños, y sus revelaciones.

El Capítulo 7 narra la caída de los vigilantes, quienes engendraron a los nefilim con mujeres humanas, traducido como 'gigantes', aunque la correcta traducción sería 'los caídos'.

> «Ellos devoraron todo el trabajo de los hombres hasta que estos ya no alcanzaron a alimentarlos más. Entonces, los gigantes se volvieron contra los hombres y empezaron a devorarlos y a pecar contra los pájaros, las bestias, los peces, a devorar unos la carne de los otros y se bebieron la sangre. Entonces, la tierra acusó a los violentos por todo lo que se había hecho en ella».

Además, se señala a los vigilantes de haberse desviado y encarnado la explotación y la opresión de la humanidad, destrucción de los ecosistemas y expandir la guerra, la vanidad, la brujería, el odio, la fornicación y el engaño: «Y como parte de la humanidad era aniquilada, su clamor subió al cielo» (1 Enoc 8:4).

A su vez, el libro menciona que tremenda destrucción y perversión no tardó en ser percibida por los arcángeles Miguel, Uriel, Rafael y Gabriel, quienes, al ver la sangre derramada y la injusticia, dijeron que «la tierra desolada grita hasta las puertas del cielo por la destrucción de sus hijos». Dios los envió para encadenar a los vigilantes y a destruir a los gigantes, «pues han oprimido a los humanos». Los ángeles caídos rogaron a Enoc que intercediese por ellos y los gigantes ante Dios. Luego, el libro describe la visita de Enoc al cielo en forma de una visión y posteriores revelaciones. Una parte significativa del texto se dedica a describir los movimientos de los cuerpos celestes, en relación con el viaje de Enoc al cielo, con el objetivo de detallar el calendario base de las fiestas de la Ley. No obstante, esto también hace referencia al hecho de que los ángeles caídos se relacionan con los elementos (aire, fuego, tierra y agua), los planetas, las constelaciones, el sol y la luna.

Destaco como reveladora la parte del libro que denuncia a los opresores y reyes de la tierra (la élite satánica, la raza de víboras) y anuncia su derrota final:

> «Este castigo con que son castigados los ángeles es un testimonio para los reyes y los poderosos que poseen la superficie de la Tierra».
> «Desgracia para los que edifican la iniquidad y la opresión y cimientan sobre el fraude, porque serán derrumbados de repente y no habrá paz en ellos…».
> «Desgracia para vosotros, ricos, porque os confiáis en vuestras riquezas, seréis privados de ellas».

Recordemos que la Biblia también anuncia la destrucción definitiva de la élite satánica.

> «Se levantarán los reyes de la tierra, y príncipes consultarán unidos contra Yahvé y contra su ungido, diciendo: "Rompamos sus ligaduras y echemos de nosotros sus cuerdas. El que mora en los cielos se reirá; el Señor se burlará de ellos, luego hablará a ellos en su furor, y los turbará con su ira"» (Salmos 2:2-5).

Por consiguiente, el libro 1 de Enoc fue excluido de las escrituras bíblicas, es decir, fue considerado apócrifo[113] por el concilio de Nicea durante el reinado de Constantino en el 325. Un ejemplo claro de un texto apócrifo son los Manuscritos de Nag Hammadi.[114]

El Libro 1 de Enoc fue hallado entre los rollos del mar Muerto, donde relata cómo un grupo de doscientos ángeles (*watchers* o vigilantes, en arameo *irim*, que significa 'ángeles') realizaron juramento en el monte Hermón, al norte de Israel, sellando un pacto donde cada uno se materializaría adoptando forma humana y tomaría a una mujer para producir su descendencia. Los motivos para realizar tal acción ya los hemos analizado. Asimismo, el texto afirma que tales vigilantes eran ángeles enviados a la tierra con la misión de velar por sus habitantes, pero por determinados motivos resolvieron crear su propia descendencia, aun sabiendo que esto constituía un fuerte pecado ante los ojos de Dios y que, si descubiertos, serían castigados con dureza. No obstante, hemos dicho que lo más probable es que dichos ángeles ya fueran rebeldes. El texto sostiene que estos

113 Los evangelios apócrifos o extra canónicos son los escritos surgidos en los primeros siglos del cristianismo, que no fueron incluidos ni aceptados en el canon de ninguna de las versiones de la Biblia aceptadas por este. Este término originalmente significaba 'ocultar lejos' y luego fue derivando en 'oculto', 'oscuro', y se refiere a algunas colecciones de textos y escritos religiosos sagrados surgidos y emanados en contextos judíos o cristianos. Se incluye una serie de libros que las iglesias cristianas de los primeros siglos no reconocieron como parte de la Sagrada Escritura, pero que se presentan con nombres o características que los hacen aparecer como si fueran libros canónicos.

114 En el año 1945 fue hallada, en la ciudad de Nag Hammadi (Egipto), una colección de textos (escritos en copto) en jarras de cerámica selladas que contenían una serie de papiros encuadernados en piel, a los que se llamaron Manuscritos de Nag Hammadi. Se consideró la mayor biblioteca gnóstica hallada en la historia de la humanidad. Inicialmente, fueron datados con una antigüedad de 1600 años.

seres codiciaron a las humanas, pero lo cierto es que se habían trazado el objetivo concreto de mezclarse con ellas, contaminándose y corrompiendo el ADN humano.

Según el libro, estos vigilantes orbitaban alrededor de la Tierra con el mandato divino de vigilar a la humanidad, pero deseando convivir y mezclarse con ellas, descendieron en el monte Hermón y tomaron mujeres para sí, dejándolas embarazadas para dar como resultado a los nefilim.

¿Por qué el libro 1 de Enoc no forma parte de la Biblia? Ciertamente, Dios ha decidido cuáles libros serán incluidos como Sagradas Escrituras y cuáles no. Ha sido Dios quien ha escrito su palabra a través de los profetas, por tanto, Él ha permitido que algunos textos fuesen incluidos y otros, en cambio, excluidos.

Muchos creen que la exclusión de este libro ha sido adrede, con fines siniestros, pero la realidad es que, aunque hubiese sido excluido de manera intencional, si el Todopoderoso hubiese querido que tal texto formara parte de la Biblia, nada ni nadie hubiese podido impedirlo. En definitiva, TODO lo que compone la Sagrada Escritura es porque Dios así lo ha querido. Nada sucede sin que Dios lo sepa, lo autorice o lo permita. Además, la Biblia no necesita de otros textos para completarse, no necesita apéndices.

Aunque interesantes, en los textos apócrifos conviven la verdad y la mentira, por lo cual son peligrosos. El Libro de Enoc tiene muchas verdades, pero otras afirmaciones no se ajustan a las escrituras, por lo que son anatemas. La verdad de Dios no puede mezclarse con el error y/o la mentira.

Este texto, conocido tan solo como el Libro de Enoc, aunque lo correcto es llamarlo Libro I de Enoch (existen otros libros de Enoc), no fue escrito por el mismo hombre que caminaba con Dios y que fue arrebatado a los cielos por el Creador: «Caminó, pues, Enoc con Dios y desapareció, porque le llevó Dios» (Génesis 5:24). Por último, no fue incluido dentro del canon bíblico debido a cuestiones de fechas y algunas incongruencias halladas. Es cierto que no es una escritura inspirada por Dios, esto significa con claridad que dentro del texto conviven la verdad y la mentira (digámosle mejor, errores), lo que lo hace bastante peligroso.

No obstante, es un texto hebreo de mucha importancia y muy apreciado por los judíos. Además, con frecuencia era tomado como libro de consulta por la iglesia primitiva. Historiadores calculan que el libro se compone de un compendio de escritos que abarcaron entre 300 a. C. hasta el siglo I d. C. Dicho libro consta de siete partes, de las cuales los capítulos del 6 al 36 abarcan el Libro de los Vigilantes, la historia de los ángeles que se mezclaron con humanas.

Este libro no fue escrito por el Enoc bíblico, sino por rabinos judíos. Sin embargo, es invaluable en cuanto a su valor histórico y por ser un apoyo de estudio para arrojar luz en estas cuestiones. Aunque debo aclarar que la Biblia no necesita libros de apoyo, debido a que de por sí es perfecta. No obstante, como cristianos verdaderos, podemos leer otros textos, siempre y cuando estén en concordancia con la Palabra de Dios.

El Libro de los Vigilantes relata cómo, en la época ante diluviana, Dios habría enviado doscientos vigilantes (ángeles) más uno con el objetivo de vigilar a la humanidad y castigar en casos de conducta inapropiada. Empero, los teólogos afirman que esto no fue en realidad así, sino que ellos ya eran ángeles rebeldes (caídos), pues una vez que los ángeles pasasen la prueba y finalizara la rebelión en los cielos, los que permanecían en gracia (ángeles de Dios) ya no podrían desviarse más.

¿Por qué Judas citaría un texto apócrifo?

El único texto que comprueba que un apóstol conocía este libro es el de Judas, pues es el único que lo cita expresamente:

> «De estos también profetizó Enoc, séptimo desde Adán, diciendo: "He aquí, vino el Señor con sus santas decenas de millares para hacer juicio contra todos y dejar convictos a todos los impíos de todas sus obras impías que han hecho impíamente, y de todas las cosas duras que los pecadores impíos han hablado contra él"» (Judas 1:14-15).

Es muy probable que Judas pensase que la profecía, en particular sobre la que trata el versículo anterior, fue inspirada, pero no la totalidad del libro 1 Enoc (Agustín, Ciudad de Dios 15.23). Judas aclara que esta cita, en particular, es una profecía, no que 1 Enoc es una escritura inspirada. Por consiguiente, Judas no afirmaba que Enoc dio la profecía, sino que la profecía hallada en 1 Enoc era verdadera, aunque solo esa profecía, no toda la obra de Enoc.

La hibridación según el Libro de los Vigilantes

En Génesis 6:1-8 leemos:

> «Aconteció que cuando comenzaron los hombres a multiplicarse sobre la faz de la Tierra, y les nacieron hijas, que viendo los hijos de Dios que las hijas de los hombres eran hermosas, tomaron para sí mujeres, escogiendo entre todas. Y dijo Yahvé: "No contenderá mi espíritu con el hombre para siempre, porque ciertamente

> él es carne; más serán sus días ciento veinte años. Había gigantes en la Tierra en aquellos días, y también después que se llegaron los hijos de Dios a las hijas de los hombres, y les engendraron hijos. Estos fueron los valientes que desde la antigüedad fueron varones de renombre". Y vio Yahvé que la maldad de los hombres era mucha en la Tierra, y que todo designio de los pensamientos del corazón de ellos era de continuo solamente el mal. Y se arrepintió Yahvé de haber hecho hombre en la Tierra, y le dolió en su corazón. Y dijo Yahvé: "Raeré de sobre la faz de la Tierra a los hombres que he creado, desde el hombre hasta la bestia, y hasta el reptil y las aves del cielo; pues me arrepiento de haberlos hecho. Pero Noé halló gracia ante los ojos de Yahvé"».

El ya mencionado libro I de Enoc nos proporciona más detalles de lo relatado en Génesis 6 e incluye el también citado Libro de los Vigilantes, cuyo Capítulo 6 revela cómo dichos ángeles vieron que las hijas de los hombres eran hermosas y decidieron mezclarse con ellas.

> «Así sucedió, que cuando en aquellos días se multiplicaron los hijos de los hombres, les nacieron hijas hermosas y bonitas; y los vigilantes, hijos del cielo, las vieron y las desearon, y se dijeron unos a otros: "Vayamos y escojamos mujeres de entre las hijas de los hombres y engendremos hijos"».

Se menciona a continuación los nombres de los ángeles que descendieron en el monte Hermón y lo que su líder (Shemihaza) propuso hacer en juramento bajo anatema; una especie de pacto entre ellos: si eran descubiertos de alguna forma todos ellos juntos asumirían la culpa.

> «Entonces Shemihaza, quien era su jefe, les dijo: "Temo que no queráis cumplir con esta acción y sea yo el único responsable de un gran pecado. Pero ellos le respondieron: "Hagamos todos un juramento y comprometámonos todos bajo un anatema a no retroceder en este proyecto hasta ejecutarlo realmente". Entonces todos juraron unidos y se comprometieron al respecto, los unos con los otros, bajo anatema. Y eran en total doscientos los que descendieron sobre la cima del monte que llamaron Hermón, porque sobre él habían jurado y se habían comprometido mutuamente bajo anatema. Estos son los nombres de sus jefes: Shemihaza, quien era el principal y en orden con relación a él, Ar'taqof, Rama'el, Kokab'el, Ra'ma'el, Dani'el, Zeq'el, Baraq'el, 'Asa'el, Harmoni, Matra'el, 'Anan'el, Sato'el, Shamsi'el, Sahari'el, Tumi'el, Turi'el, Yomi'el, y Yehadi'el. Estos eran los jefes de decena».

El libro revela que dichos ángeles se materializaron y tuvieron intimidad con las humanas y, poco después, ellas dieron a luz a los gigantes nefilim. Estos gigantes eran la primera descendencia de los ángeles caídos, los híbridos. Eran malvados y pervertidos, comían carne humana y bebían su sangre. Cometían atrocidades y pecaban contra todo, devoraban humanos, animales y la tierra estaba cubierta de sangre. Estos gigantes eran bastante más altos y fuertes que los humanos.

En el Capítulo 7 leemos:

> «Todos y sus jefes tomaron para sí mujeres y cada uno escogió entre todas y comenzaron a entrar en ellas y a contaminarse con ellas, a enseñarles la brujería, la magia y el corte de raíces y a enseñarles sobre las plantas. Quedaron embarazadas de ellos y parieron gigantes de unos tres mil codos de altura, quienes nacieron sobre la tierra y conforme a su niñez crecieron; y devoraban el trabajo de todos los hijos de los hombres hasta que los humanos ya no lograban abastecerles. Entonces, los gigantes se volvieron contra los humanos para matarlos y devorarlos; y empezaron a pecar contra todos los pájaros del cielo y contra todas las bestias de la tierra, contra los reptiles y contra los peces del mar y se devoraban los unos la carne de los otros y bebían sangre. Entonces, la tierra acusó a los impíos por todo lo que se había hecho en ella».

Vemos cómo los ángeles caídos comenzaron a transmitir conocimientos dañinos a las humanas, tales como la fabricación de armas y la instrucción en el arte de la guerra, fabricando todo tipo de armas (espadas, etc.), el ocultismo y la brujería, así como también de los conocimientos avanzados en construcciones alineadas con las constelaciones y las líneas ley de concentración de energía para abrir portales.

En el Capítulo 8 leemos:

> «Y Asa'el (Azazel) enseñó a los hombres a fabricar espadas de hierro y corazas de cobre y les mostró cómo

> se extrae y se trabaja el oro hasta dejarlo listo. En lo que respecta a la plata, a repujarla para brazaletes y otros adornos. A las mujeres les enseñó sobre el antimonio, el maquillaje de los ojos, las piedras preciosas y las tinturas. Y entonces creció mucho la impiedad y ellos tomaron los caminos equivocados y llegaron a corromperse en todas las formas. Shemihaza enseñó encantamientos y a cortar raíces; Hermoni a romper hechizos, brujería, magia y habilidades afines; Baraq'el los signos de los rayos; Kokab'el los presagios de las estrellas; Zeq'el los de los relámpagos; Ar'taqof enseñó las señales de la tierra; Shamsi'el los presagios del sol; y Sahari'el los de la luna; y todos comenzaron a revelar secretos a sus esposas. Como parte de los hombres, estaban siendo aniquilados, su grito subía hasta el cielo».

Algunas teorías afirman que en la era ante diluviana habitaban en la tierra híbridos productos de mezclas entre humanos, animales y modificaciones genéticas hechas por los mismos ángeles caídos (centauros, quimeras, etc.). Buscaban constantemente la alteración y corrupción del ADN humano por hacerse, a su vez, ellos de creadores. Les encanta jugar a ser Dios. Para ese entonces, la tierra era un auténtico caos. Todas estas aberraciones juntas habrían sido la causa del diluvio universal.

La Biblia indica en los siguientes versículos los motivos del exterminio de todo ser viviente:

> «Y vio Yahvé que la maldad de los hombres era mucha en la Tierra, y que todo designio de los pensamientos del corazón de ellos era de continuo solo el mal. Y se

> arrepintió Yahvé de haber hecho hombre en la Tierra, y le dolió en su corazón. Y dijo Yahvé: "Raeré de sobre la faz de la Tierra a los hombres que he creado, desde el hombre hasta la bestia, y hasta el reptil y las aves del cielo; pues me arrepiento de haberlos hecho"» (Génesis 6:5-7).
>
> «Y se corrompió la Tierra delante de Dios, y estaba la Tierra llena de violencia. Y miró Dios la Tierra, y he aquí que estaba corrompida; porque toda carne había corrompido su camino sobre la Tierra. Dijo, pues, Dios a Noé: "He decidido el fin de todo ser, porque la Tierra está llena de violencia a causa de ellos; y he aquí que yo los destruiré con la Tierra"» (Génesis 6:11-13).

En el Capítulo 10 del Libro de Enoc, leemos:

> «Entonces el Altísimo, Grande y Santo habló y envió a Sariel al hijo de Lamec. Y le dijo: "Ve hacia Noé y dile en mi nombre, 'escóndete'; y revélale la consumación que viene, pues la Tierra entera va a perecer, un diluvio está por venir sobre toda la Tierra y todo lo que se encuentre sobre ella perecerá. Enseguida, enseña al Justo, al hijo de Lamec, lo que debe hacer para preservar su alma para la vida y escapar definitivamente, pues por él será sembrada una planta y serán establecidas todas las generaciones. Después, sana la Tierra que los vigilantes han corrompido y anuncia su curación, a fin de que se sanen de la plaga y que todos los hijos de los hombres no se pierdan debido al misterio que los vigilantes descubrieron y han enseñado a sus hijos. Toda la Tierra ha

sido corrompida por medio de las obras que fueron enseñadas por 'Asa'el, impútale entonces todo pecado". Y el Señor dijo a Gabriel: "Procede contra los bastardos y réprobos hijos de la fornicación y haz desaparecer a los hijos de los vigilantes de entre los humanos y hazlos entrar en una guerra de destrucción, pues no habrá para ellos muchos días. Ninguna petición en su favor será concedida, pues esperan vivir una vida eterna o que cada uno viva quinientos años". Y a Miguel le dijo el Señor: "Ve y anuncia a Shemihaza y a todos sus cómplices que se unieron con mujeres y se contaminaron con ellas en su impureza, ¡que sus hijos perecerán y ellos verán la destrucción de sus queridos! Encadénalos durante setenta generaciones en los valles de la Tierra hasta el gran Día del Juicio. En esos días se les llevará al abismo de fuego, a los tormentos y al encierro en la prisión eterna. Todo el que sea condenado estará perdido de ahí en adelante y será encadenado con ellos hasta la destrucción de su generación. Y en la época del juicio que yo juzgaré, perecerán por todas las generaciones. Destruye todos los espíritus de los bastardos y de los hijos de los vigilantes porque han hecho obrar mal a los humanos". Destruye la opresión de la faz de la Tierra, haz perecer toda obra de impiedad y haz que aparezca la planta de justicia; ella será una bendición y las obras de los justos serán plantadas en alegría para siempre. En ese tiempo todos los justos escaparán y vivirán hasta que engendren millares. Todos los días de vuestra juventud y vuestra vejez se completarán en paz».

Era antediluviana y gigantes nefilim

Hemos visto cómo las antiguas leyendas sobre gigantes han podido hallarse en muchas culturas a lo largo de los milenios. Las mitologías griega y romana mencionan a los titanes, semidioses y varios otros seres de gran estatura. La mitología nórdica contiene historias de los gigantes de *Frost* del Jötunheim. Pueblos africanos y asiáticos también tienen leyendas de gigantes, al igual que los nativos americanos.

En su autobiografía, Bill Cody[115] escribió sobre una famosa leyenda que le contaron los indios de la tribu sioux. Afirmaba que la Tierra estaba, en su origen, poblada por gigantes, quienes eran hasta tres veces más grandes que los hombres modernos. Eran tan hábiles y rápidos que podían correr junto a un búfalo, tomar al animal debajo de un brazo, arrancarle una pierna y comérselo mientras corrían. Eran tan vanagloriosos debido a su propio tamaño y fuerza que negaban la existencia del Creador. Cuando relampagueaba, proclamaban su superioridad al rayo; cuando tronaba, se reían. Esto disgustó al Gran Espíritu (Dios), quien para reprender su arrogancia envió una gran lluvia sobre la Tierra (el diluvio universal). Los valles se llenaron de agua y los gigantes se retiraron a los montes. El agua subió por los montes y los gigantes buscaron seguridad en las montañas más altas. Aun así, la lluvia continuó, las aguas siguieron subieron y los gigantes, quienes no tenían otro refugio, se ahogaron.

Es de destacar que gran parte de las leyendas sobre gigantes incluye descripciones de una inundación enviada por Dios (o los

115 William Frederick Cody, más conocido como Búfalo Bill (1846-1917), fue un explorador y aventurero estadounidense famoso mundialmente por sus hazañas contra los indios siux en el oeste americano. Llegó a ser un personaje popular y recorrió el mundo, representado su espectáculo *Wild West* (*El salvaje Oeste*).

dioses para las culturas paganas) para destruir a estos malvados seres. Sabemos que es la Biblia el texto que contiene la verdadera historia de nuestro pasado. No obstante, ¿podrían estas otras culturas (paganas) haber repetido sus propias versiones distorsionadas de la historia mundial después del diluvio y, quizás, antes del mismo?

¿Cómo se explica el hecho de que varias de estas culturas sean incluso anteriores a la propia Biblia? Teólogos sostienen que la prueba de los ángeles consistió en ciertas revelaciones por parte de Dios y que algunos ángeles no pudieron tolerar. Lucifer fue el primero en gritar que no serviría a un Creador Todopoderoso materializado en un humano de carne y hueso (Jesucristo), todo por salvar a despreciables criaturas frágiles de carne y hueso que en ese momento ni siquiera habían sido creadas. Pero… ¿hasta qué punto Dios les reveló sus futuros planes? Es imposible saberlo y así entramos en el terreno de las conjeturas. Pero, de alguna manera, los demonios sabían los planes de Dios para redimir a la humanidad: conocían sobre la venida del mesías, que parte de la Trinidad se haría de carne y hueso, caminaría entre los hombres y sería crucificada por ellos. ¿Podrían acaso algunas culturas anteriores al nacimiento del pueblo hebreo haber sido visitadas por ángeles caídos, quienes, presentándose como dioses, de alguna manera, se adelantaron a los acontecimientos plasmándolos en sus escrituras?

Tierra bañada en sangre

Una vez que estos gigantes híbridos despedazaron los vientres de sus madres al nacer, fueron creciendo y se volvían cada vez más orgullosos, violentos, malvados y pervertidos. Comían carne humana y bebían su sangre.

En Baruc 3:26-28 leemos, en la versión de Dios, que habla hoy: «Allí nacieron en tiempos antiguos los gigantes, hombres famosos, de alta estatura, expertos en la guerra. Pero Dios no los escogió a ellos ni les mostró el camino de la sabiduría. Y por no tener inteligencia, perecieron; perecieron por su insensatez». Estos híbridos cometían atrocidades y pecaban contra todo, devoraban humanos, animales y la Tierra estaba cubierta de sangre. La primera vez que se había derramado sangre humana en la Tierra había sido con el asesinato de Abel por su hermano Caín, el primer híbrido.

El versículo de Baruc muestra que Dios no los eligió ni les mostró el camino del saber. Aquí hay un poderoso simbolismo: estos gigantes en la Tierra fueron los famosos de la antigüedad, poderosos a nivel físico, pero pequeñísimos en lo espiritual, es decir, muy débiles de espíritu y alejados de Dios. Eran gigantes en aspecto físico, en cuestiones mundanas, llenos de soberbia y orgullo. Al saberse descendientes de los dioses (demonios), oprimían a los humanos, los esclavizaban y eran malvados. Habían sido engendrados a partir de una diabólica mezcla.

A partir del momento cuando los ángeles rebeldes comenzaron a transmitir conocimientos dañinos a las humanas (enseñanzas sobre la fabricación de armas y el arte de la guerra), los humanos comenzaron a matarse y así nació la guerra. Enseñaron, también, cómo fabricar maquillaje a las mujeres para cautivar, las artes de la seducción y, además, el ocultismo y la utilización de plantas para hacer magia, rituales y hechizos. Con anterioridad, usaban las plantas y raíces solo con fines medicinales, dándole un correcto uso a la creación hecha por Dios. Sin embargo, los demonios les enseñaron cómo usarlas con fines mágicos.

Algunas interesantes hipótesis afirman que antes del diluvio, además de los humanos y los nefilim, habitaban en la Tierra híbridos producto de las mezclas y modificaciones genéticas hechas por los mismos ángeles caídos, expertos en la manipulación genética. ¿Podrían acaso seres mitológicos mitad humano mitad animal haber existido en la época antediluviana?

No obstante, alguien se mantenía fiel a Dios e intacto a su linaje y ADN: el justo Noé. En el Capítulo 10 del Libro de Enoc se revela cómo Dios avisa a Noé que la Tierra entera perecerá, además de llamar a los gigantes bastardos, hijos réprobos y de fornicación.

> «Entonces el Altísimo, Grande y Santo habló y dijo: "Ve hacia Noé y dile en mi nombre, 'escóndete'; y revélale la consumación que viene, pues la Tierra entera va a perecer, un diluvio está por venir sobre toda la Tierra y todo lo que se encuentre sobre ella perecerá. Toda la Tierra ha sido corrompida por medio de las obras que fueron enseñadas por 'Asa'el, impútale entonces todo pecado"». «Y el Señor dijo a Gabriel: "Procede contra los bastardos y réprobos hijos de la fornicación, haz desaparecer a los hijos de los vigilantes de entre los humanos y hazlos entrar en una guerra de destrucción, pues no habrá para ellos muchos días"».

Era posdiluviana y nuevos gigantes

Mucho después del diluvio, Moisés envió a Josué y algunos espías a la tierra de Canaán, donde asustados comprueban que allí habitaban gigantes:

> «También vimos allí gigantes, hijos de Anac, raza de los gigantes, y éramos nosotros, a nuestro parecer, como langostas; y así les parecíamos a ellos» (Números 13:33).

¿Cómo es esto posible? ¿Cómo puede ser que después del diluvio hubiera de nuevo gigantes en la Tierra (aunque en menor medida), si la Biblia indica que TODOS perecieron en el diluvio?

> «Y murió toda carne que se mueve sobre la Tierra, así de aves como de ganado y de bestias, y de todo reptil que se arrastra sobre la Tierra, y todo hombre. Todo lo que tenía aliento de espíritu de vida en sus narices, todo lo que había en la Tierra, murió. Así fue destruido todo ser que vivía sobre la faz de la Tierra, desde el hombre hasta la bestia, los reptiles y las aves del cielo; y fueron raídos de la Tierra, y quedó solo Noé, y los que con él estaban en el arca» (Génesis 8:21-23).

Sabemos entonces que todo ser viviente pereció y que únicamente los que estaban en el arca sobrevivieron al diluvio. Por tanto, solo existen dos hipótesis para los gigantes que existieron después del diluvio: otro grupo de ángeles caídos volvieron a repetir el mismo pecado de hibridación, dando origen a otros gigantes (aunque de menor estatura que los nefilim), o estos gigantes provenían de uno de los hijos de Noé.

> «Y los hijos de Noé que salieron del arca fueron Sem, Cam y Jafet; y Cam es el padre de Canaán. Estos tres son los hijos de Noé, y de ellos fue llena toda la Tierra».

Hemos visto antes que luego de salir del arca y recomenzar la vida en la Tierra, Noé se embriagó.

En el versículo de Génesis 9:20-27, la Biblia describe un acto inmoral: «Cam, padre de Canaán, vio la desnudez de su padre». «Conocer (ver) la desnudez de tu padre» significa tener relaciones sexuales con la esposa de tu padre (su madre), y no necesariamente tener relaciones homosexuales con tu padre. Deuteronomio 27:20 afirma: «Maldito el que se acueste con la mujer de su padre, porque ha descubierto la desnudez de su padre».

Génesis 6:9 afirma que Noé era un hombre justo y fiel seguidor de Dios. Además, dice perfecto en sus generaciones. Sabemos que él sobresalía en un mundo en absoluto perverso y corrompido. Pero pertenecía al linaje de Set y, por ende, de Adán, y no de la semilla de la serpiente.

Al tener relaciones con su propia madre (descendiente de Caín), Cam vio la desnudez de su padre. Satanás buscaba procrear un nuevo fruto inmoral, Canaán, fruto de adulterio, aunque ahora sumándole el incesto. Por tanto, Canaán daría continuidad al linaje de la serpiente. A través de la esposa de Noé y con el nacimiento de Canaán, la simiente de la serpiente NO habría desaparecido con el diluvio universal.

Podemos rastrear la simiente de la serpiente después del diluvio, pero no la de los gigantes. La Biblia no lo menciona, no lo aclara. Tan solo podemos plantear la hipótesis. Lo que sí afirma la Biblia es que cuando Moisés envió a Josué y algunos espías a la tierra de Canaán, leemos: «También vimos allí gigantes, hijos de Anac, raza de los gigantes, y éramos nosotros, a nuestro parecer, como langostas; y así les parecíamos a ellos» (Números 13:33).

¿Podrían esos gigantes posdiluvianos ser descendientes de Canaán (por ende, del linaje de la serpiente), en lugar de ser descendientes de los nefilim? Podría serlo, si bien nunca se mencionó a Caín ni a la esposa de Noé, como si fueran de estatura considerable. Por lo que la hipótesis de que otro grupo de ángeles rebeldes podría haber cometido, una vez más, esta hibridación después del diluvio, es bastante probable.

Empero, la interrogante clave es: ¿Cómo podría haber gigantes después del diluvio? ¿Podrían acaso haberse salvado algunos de ellos? ¿U otros ángeles rebeldes volvieron a cometer el mismo pecado?

En cuanto a la posibilidad de que algún nefilim pudiera haber sobrevivido al diluvio es conveniente que sea la propia Biblia quien responda, indicando en los siguientes versículos el alcance del diluvio universal en cuanto a sus consecuencias:

> «Y dijo Yahvé: "Raeré de sobre la faz de la Tierra a los hombres que he creado, desde el hombre hasta la bestia, y hasta el reptil y las aves del cielo; pues me arrepiento de haberlos hecho"» (Génesis 6:7).
>
> «He aquí que yo traigo un diluvio de aguas sobre la Tierra, para destruir toda carne en que haya espíritu de vida debajo del cielo; todo lo que hay en la Tierra morirá» (Génesis 6:17).
>
> «Porque pasados aún siete días, yo haré llover sobre la Tierra cuarenta días y cuarenta noches; y raeré de sobre la faz de la Tierra a todo ser viviente que hice» (Génesis 7:4).

Murió entonces toda carne y pereció toda criatura que se movía en la Tierra, por lo que ningún gigante descendiente de los vigilantes sobrevivió. Incluso, la Biblia especifica que quedaron solo Noé y los que estaban con él en el arca. La posibilidad del diluvio universal de haber estado acotado solo a una región en concreto no es viable, en vista de que esta creencia en todas las culturas, a lo largo del mundo, es universal, la idea del diluvio universal.

> «Y murió toda carne que se mueve sobre la Tierra, así de aves como de ganado y de bestias, y de todo reptil que se arrastra sobre la Tierra, y todo hombre. Todo lo que tenía aliento de espíritu de vida en sus narices, todo lo que había en la Tierra, murió. Así fue destruido todo ser que vivía sobre la faz de la Tierra, desde el hombre hasta la bestia, los reptiles, y las aves del cielo; y fueron raídos de la Tierra, y quedó solo Noé y los que con él estaban en el arca» (Génesis 7:21-23).

En relación con los anaquitas que vieron Josué y sus compañeros cuando fueron a Canaán, ¿son estos nuevos descendientes de los nefilim o se llaman así por ser los nefilim que vivieron en esa región? ¿Podría ser que estos anaquitas se hubieran mezclado con otras razas y ya no eran tan altos como los originales nefilim? Son todas preguntas razonables, pero sin una respuesta concreta al ciento por ciento.

Una hipótesis bastante razonable es que el pecado de Génesis 6 volviera a repetirse después del diluvio, sin embargo, cuando Moisés envió espías a Canaán, podemos leer: «Pueblo que habita aquella tierra es fuerte, y las ciudades muy grandes y fuertes; y también vimos allí los hijos de Anac» (Números 13:28).

En la época de Josué, los gigantes ya iban desapareciendo, debido a que estaban siendo exterminados.[116] La Biblia menciona

116 «También en aquel tiempo vino Josué y destruyó a los anaceos de los montes de Hebrón, de Debir, de Anab, de todos los montes de Judá y de todos los montes

a Og en Basan, el último de los refaítas, antes de que iniciara la conquista de Canaán (Josué 13:12), así como también a Goliat y a su hermano (1 Crónicas 20:6).

Además, en 2 Samuel 21:20, vemos al gigante de veinticuatro dedos: «Después hubo otra guerra en Gat, donde había un hombre de gran estatura, el cual tenía doce dedos en las manos, y otros doce en los pies, veinticuatro por todos; y también era descendiente de los gigantes». El versículo aclara que los gigantes dejaron descendientes. ¿Pero cómo sería posible si estos fueron destruidos en el diluvio universal? ¿Podría esto confirmar que enseguida del diluvio otro grupo de ángeles rebeldes continuaron con su plan de hibridación? Aunque lo hicieron con dificultad, utilizando la unión sexual con las mujeres, pues, Dios ya no permitía materializaciones completas de ningún ángel caído. ¿Podría entonces algún otro grupo de ángeles caídos después del diluvio y a través de la manipulación genética crear híbridos? Los nuevos nefilim, de menor estatura que los originales, como Anac y tantos otros, quienes luego se mezclaron con humanas y, entonces, sí tuvieron descendientes.

Especialistas en la manipulación genética

Si el objetivo de Dios, al enviar el diluvio universal, era aniquilar a todos los gigantes, ¿cómo es posible que después del diluvio existieran de nuevo tales seres? Los casos eran muy puntuales en mucho menor medida y de menor estatura que los originales

---

de Israel; Josué los destruyó a ellos y a sus ciudades. Ninguno de los anaceos quedó en la tierra de los hijos de Israel; solamente quedaron en Gaza, en Gat y en Asdod. Tomó, pues, Josué toda la tierra, conforme a todo lo que Yahvé había dicho a Moisés; y la entregó Josué a los israelitas por herencia conforme a su distribución según sus tribus; y la tierra descansó de la guerra» (Josué 11:21).

nefilim. ¿Podría acaso un nuevo grupo de ángeles caídos haber cometido el mismo pecado otra vez? ¿Descendientes de la simiente de la serpiente? Ambas preguntas podrían responderse de forma afirmativa, no obstante, existe otra hipótesis igual de probable que las anteriores, la cual indica que tales seres altos, fuertes y corpulentos eran híbridos, creados por manipulación genética por los mismos ángeles caídos, quienes, por supuesto, son expertos en la materia. ¿En realidad piensas que los asombrosos avances y descubrimientos sobre genética y experimentos en tal área en el último siglo son solo productos del arduo estudio de científicos? Muchos de estos conocimientos fueron dados por demonios, los que han resultado en horrendos experimentos en bases subterráneas y laboratorios clandestinos, manipulación genética, eugenesia, entre otras aberraciones.

Pero regresemos a la hipótesis de los seres híbridos posdiluvianos que muchos llamaban gigantes. Recordemos que antes del diluvio también existían seres híbridos, mezclas de animales y humanos como resultado de la manipulación genética. ¿Acaso los gigantes posdiluvianos serían, de alguna manera, descendientes de los demonios? Pero no descendencia directa, como los originales nefilim, sino producto de la hibridación artificial. Esto explicaría por qué eran mucho menos fuertes y no tan altos.

A partir de lo sucedido en el diluvio, Dios ya no permitiría a los ángeles caídos materializarse por completo, hacerse tangibles ni darles la posibilidad de que pudieran intentar hibridarse de nuevo con humanas. Por lo que el plan de hibridación directo (por contacto sexual con humanas) se había visto truncado. Sin embargo, sabemos que los ángeles caídos poseen grandes conocimientos en todas las materias, incluyendo el campo de la genética. ¿Quién crees que dio conocimiento a los seres humanos para la manipulación de la vida y el ADN en los laboratorios? ¿Quiénes piensas que asesoran a los científicos que trabajan en bases subterráneas para los extraterrestres, donde se dice que realizan mezclas horrendas de animales con humanos?

No obstante, esta nueva raza híbrida también fue eliminada de la Tierra por Dios: «Yo destruí delante de ellos al amorreo, cuya altura era como la de los cedros, y fuerte como una encina; y destruí su fruto arriba y sus raíces abajo» (Amós 2:9). Esto indica que la destrucción fue total, es decir, que estos nuevos gigantes híbridos también habían sido exterminados, no sin antes haberse mezclado con humanas y haber dejado una descendencia.

Un dato interesante es mencionado en *El libro de Dzyan,*[117] perteneciente a culturas del valle del Indo,[118] el cual se cree que es uno de los relatos más antiguos escritos en sánscrito y donde se menciona una raza reptiliana llamada *sarpa* o 'grandes dragones' que bajó de los cielos para traer civilización. Afirma, además, que el diluvio exterminó la raza de los gigantes que existía, pero los dioses serpientes sobrevivieron y lograron recuperar el poder. Se les describe con rostro humano, pero aspecto reptiliano. Su líder se llamaba Gran Dragón.

Gigantes posdiluvianos

¿Existen evidencias óseas de estos gigantes en la actualidad?

Aunque han aparecido en internet varias imágenes y supuestos restos óseos de los gigantes, lo cierto es que ninguna de esas pruebas ha sido al ciento por ciento validadas como verídicas y

117 Supuesto texto antiquísimo de origen tibetano.

118 La cultura del valle del Indo fue una civilización que se desarrolló desde el 3300 a. C. hasta 1300 a. C. en torno al rio Indo (Afganistán, Pakistán y noroeste de India).

auténticas. Podría, por tanto, decirse que tales evidencias son falsas. ¿Por qué no se han encontrado restos auténticos de estos seres que menciona la Biblia? Recordemos que sus descendientes pertenecen a la raza de víboras que conforman la élite satánica de poder, así pues, son ocultistas y satanistas con sus múltiples símbolos y rituales. Es evidente que sus sepulcros han sido saqueados para fines ocultistas y para ser utilizados en rituales satánicos. Los restos óseos de los gigantes posdiluvianos se encuentran en poder de las familias de linaje puro reptiliano-dragón.

¿Qué estatura tenían los gigantes posdiluvianos?

Entre los refaítas se menciona a Og, rey de Basan, del cual se habla de su cama de hierro de cuatro metros y medio de largo y dos de ancho, por lo que su altura debía ser menor a los cuatro metros, entre tres y tres metros y medio. En 1 samuel 17:4, leemos: «Salió entonces del campamento de los filisteos un paladín, el cual se llamaba Goliat, de Gat, y tenía de altura seis codos y un palmo». Algunos afirman que el equivalente a esa estatura pueda ser de casi tres metros y otros hasta tres metros con cuarenta y seis centímetros. Por tanto, la estatura de los nuevos gigantes híbridos era entre tres y tres metros y medio.

Todo indica que los nefilim originales (antediluvianos) eran más altos, podría hablarse de hasta cuatro metros de altura. Dada la estatura mencionada, era muy difícil y poco frecuente que uno de ellos pudiera mezclarse con una humana y dejar descendencia, pero no por completo imposible. Es importante recalcar que dichos nefilim (los originales) nacieron tanto del sexo femenino como del masculino. Debido a su altura, era poco frecuente la mezcla entre un gigante masculino de cuatro metros y una mujer humana, la cual siempre medirá menos de dos metros. Un bebé de un tamaño descomunal no podría atravesar el canal de parto, sino que abriría el vientre de su madre y esta moriría irremediablemente. ¿Pudo haber sucedido esto alguna vez? La respuesta es sí. Pero también pudiera ocurrir que, si por esa mezcla él bebe poseía un tamaño y estatura no tan marcada, podría haber sucedido con más frecuencia. De todas formas, aunque se hubieran mezclado los nefilim originales antediluvianos y dejado una descendencia, esta fue eliminada en su totalidad en el diluvio.

Sin embargo, luego del diluvio había de nuevo gigantes en la tierra. Claro, en menor número, de menor estatura, pero allí estaban. En el hipotético caso de que los ángeles caídos, mediante manipulación genética, hubiesen dado origen a nuevos híbridos, sería el comienzo de una nueva descendencia, menos extraordinaria, pero con posibilidad de mezclarse con humanas y a su vez dejado descendientes, los cuales no habrían sido destruidos.

Un dato curioso y muy poco mencionado es que existían gigantes del sexo femenino: mujeres de alta estatura que, de manera evidente, podrían haberse mezclado con hombres y dar origen a una descendencia de los nefilim. En tal caso, ese sería el origen de las tres descendencias que hemos visto: los anaquitas, los refaítas y los emitas, pero siempre siendo estas tres de menor tamaño que los nefilim originales y, al mismo tiempo, estas tres descendencias pudieron haberse mezclado con otros humanos, propagando así la descendencia de los ángeles caídos. Una descendencia que, aunque no fuera directa, sino producto de manipulación genética, aún podría considerarse su linaje.

Por consiguiente, los primeros nefilim (descendencia directa de los ángeles rebeldes) habrían tenido una estatura aproximada de casi cuatro metros, siempre y cuando sean del sexo masculino, pues las mujeres nefilim serían de menor estatura.

Por otra parte, los gigantes posdiluvianos estarían midiendo cerca de los tres metros. Y así sucesivamente, al ir mezclándose con humanos e ir perdiendo el linaje original, de la misma manera disminuiría su estatura y sus habilidades, dígase fuerza, destreza, características extraordinarias y demás aspectos que los hacían sobresalir del resto de los mortales.

Las tribus

La Biblia menciona a unos seres de gran estatura como son los gigantes y también a varias tribus dentro de estos. Los antediluvianos, descendientes directos de los ángeles caídos, solían medir hasta cuatro metros de altura. Los posdiluvianos, híbridos creados a partir de manipulación genética, llegaban a medir en promedio tres metros y se dividían en tribus.

En Génesis 14:5-7, se lee:

> «Por eso, al año siguiente, el rey Quedorlaómer, junto con otros reyes que lo apoyaban, fueron a la región de Astarot Carnayin y derrotaron a los refaítas. Luego fueron a Jam y derrotaron a los zuzitas; después fueron a la región de Save Quiriatayin y derrotaron a los emitas. Por último, pasaron a las montañas de Seír y derrotaron a los horeos, a quienes persiguieron hasta el Parán, que está cerca del desierto. Ya de regreso, Quedorlaómer y sus compañeros fueron a Enmispat, conocido también como Cades. Derrotaron a los amalecitas y conquistaron su territorio; a su vez derrotaron a los amorreos que vivían en Jazezón Tamar».

El término hebreo más usado para gigantes posdiluvianos es «refaítas» (Deuteronomio 3:11-13). Se usaba para hacer referencia a un grupo determinado de gigantes. En singular, «rafah» aparece unas cuantas veces en la Biblia. Los «refaím» (titanes, hijos de rafá).

En Deuteronomio 3:11, se puede leer: «Porque únicamente Og, rey de Basán, había quedado del resto de los gigantes. Su cama, una de hierro, ¿no está en Rabá con los hijos de Amón? La longitud de ella es de nueve codos y su anchura de cuatro codos, según la medida de un hombre».

En este mismo capítulo se describe la victoria de los israelitas sobre el rey de los amorreos y sobre Og, el rey de Basan.

La palabra hebrea empleada en Deuteronomio 3:11 se traduce al español como lecho, pero algunos lo traducen como sarcófago o ataúd. Sin embargo, aquí se describe que el material era hierro. Aquí destacan dos cosas. La primera es el hecho de que se le llame ataúd o sarcófago. ¿Serían entonces estos gigantes como vampiros? Y la segunda es el tamaño de ese objeto, que en metros sería algo así como cuatro de largo y dos de ancho.

Por su parte, los amorreos son mencionados varias veces en el Antiguo Testamento. Algunos de ellos llegaron a formar alianza con Abraham (Génesis 14:13). Los amorreos eran descendientes de Canaán (Génesis 10:15-16). El historiador Flavio Josefo menciona a los amorreos como sus antepasados y la Biblia especifica que eran muy altos y muy fuertes.

> «¡Deberían recordar lo que yo hice por ustedes, ingratos! ¡Yo expulsé a los amorreos de su tierra para dársela a ustedes! ¡Sí, los destruí completamente, aunque eran altos como los cedros y poderosos como los robles!» (Amós 2:9).

Los emitas significan 'los terrores'.

> «Los emitas habitaron en ella antes, pueblo grande y numeroso, y alto como los hijos de Anac. Por gigantes eran ellos tenidos también, como los hijos de Anac; y los moabitas los llaman emitas» (Deuteronomio 2:10-11).

Los zuzitas o zomzomeos como 'los terribles'.

> «Por tierra de gigantes fue también ella tenida; habitaron en ella gigantes en otro tiempo, a los cuales los amonitas llamaban zomzomeos; pueblo grande y numeroso, y alto, como los hijos de Anac; a los cuales Jehová destruyó delante de los amonitas. Estos sucedieron a aquellos, y habitaron en su lugar» (Deuteronomio 2:20-21).

Este pueblo de gigantes había habitado en la tierra de Amón, conocida como 'tierra de gigantes'. Estos fueron destruidos para que los descendientes del hijo de Lot, Ben-ammi (amonitas), pudieran habitar allí (Génesis 19:38). Los zuzitas habitaban la zona de Ham, en referencia a los hamateos, descendientes de Canaán, hijo de Cam y nieto de Noé. Recordemos que toda esa descendencia (de Canaán) había sido maldecida.

La tribu Anaquim. Los anaceos

> «La tierra por donde pasamos para reconocerla es tierra que traga a sus moradores; y todo el pueblo que vimos en medio de ella son hombres de grande estatura. También vimos allí gigantes, hijos de Anac, raza de los gigantes, y éramos nosotros, a nuestro parecer, como langostas; y así les parecíamos a ellos» (Números 13:32-33).

Si nefilim se refiere a los gigantes en general, entonces en el versículo de arriba se dice con claridad que los anaceos eran gigantes, así como los amorreos y demás pueblos citados.

La tribu de los Anaquim descendía del gigante Anac. Esta tribu era tan alta que en números 13:33 dice: «Parecíamos langostas a sus ojos».

Según lo visto con anterioridad, después del diluvio había gigantes, aunque en menor número. Josué peleó varias batallas con los anaceos y amorreos. En Josué 11:21-22 leemos:

> «También en aquel tiempo vino Josué y destruyó a los anaceos de los montes de Hebrón, de Debir, de Anab, de todos los montes de Judá y de todos los montes de Israel; Josué los destruyó a ellos y a sus ciudades. Ninguno de los anaceos quedó en la tierra de los hijos de Israel; solamente quedaron en Gaza, en Gat y en Asdod».

En 1 Samuel 17:4-7, vemos la aparición en escena del filisteo Goliat, el más famoso de estos gigantes y descendiente de los anaceos, el cual fue derrotado por David.

> «Salió entonces del campamento de los filisteos un paladín, el cual se llamaba Goliat, de Gat, y tenía de altura seis codos y un palmo. Y traía un casco de bronce en su cabeza, y llevaba una cota de malla; y era el peso de la cota cinco mil siclos de bronce. Sobre sus piernas traía grebas de bronce, y jabalina de bronce entre sus hombros. El asta de su lanza era como un rodillo de telar, y tenía el hierro de su lanza seiscientos siclos de hierro; e iba su escudero delante de él».

Además de Goliat, David y sus valientes derrotaron a otros gigantes llamados Isbi-benob, Saf y Lahmi, así como a uno de ellos cuyo nombre es desconocido y que tenía seis dedos en cada mano y seis dedos en cada pie.[119] Cada uno de estos gigantes podría haber descendido del remanente de los anaceos, quienes sobrevivieron en la región de Gat, Gaza y Asdod.

Uno de los valientes de David mató a un egipcio de gran tamaño: «Y mató a un egipcio, un hombre de gran altura, cinco codos de alto. En la mano del egipcio había una lanza como un rodillo de tejedor; y se acercó a él con un báculo, arrebató la lanza de la mano del egipcio y lo mató con su misma lanza» (1 Crónicas 11:23). Aunque se le considera un gigante, la Biblia no identifica a este egipcio como uno de ellos, aunque sí proporciona su altura de cinco codos, que serían dos metros aproximadamente. Dicha altura no justifica llamarlo gigante porque es obvio que los identificados como de esa raza eran más grandes que este egipcio.

Las tribus de gigantes fueron combatidas y destruidas por hombres de tamaño normal (dos metros o menos), entre ellos estaban los israelitas.

La última referencia a los gigantes en la Biblia es en Isaías 45:14, donde hombres de gran estatura, sabeos, se convertirían en esclavos encadenados de los israelitas.

---

119 Nótese el número seis, el de la rebelión contra Dios. La Biblia utiliza el número 7 como número divino, para referirse a Dios y a Su perfección. Se considera el número 6 como el número del hombre, creado en el sexto día y siempre por debajo de Dios. El hombre de perdición, conocido como el anticristo tratará de ser como Dios, incluso llegue a afirmar ser Dios. El numero de seis dedos en las manos y pies de estos gigantes revela la naturaleza demoniaca de estos seres, creados para oponerse al Creador.

Las tribus de gigantes posdiluvianas tenían en común la altura entre dos, cinco y tres metros. Su estatura era mucho menor a la de los nefilim originales. A diferencia de los cananeos, no existe ninguna referencia en la Biblia de ningún nefilim o descendiente directo que se haya convertido al Dios de Israel.

¿Qué sucedió con las almas de los gigantes nefilim una vez muertos en el diluvio?

La Biblia aclara que pereció toda carne viva en la Tierra debido al diluvio, por lo que nada ni nadie sobrevivió, a no ser Noé, su familia y el arca con los animales. Por tanto, los híbridos nefilim, gigantes originales, los antediluvianos, murieron ahogados. No obstante, un dato interesante es que la Biblia no indica qué sucedió o cuál fue el destino de sus almas una vez muertos. Por supuesto podemos especular que a la presencia de Dios no fueron, debido a que eran malvados al extremo. Y si estando vivos cometían las peores atrocidades con los humanos y jamás se acercaron a Dios, al momento de morir lo hicieron en oposición al Creador.

Muchos teólogos afirman que las almas de los nefilim son los demonios que atormentan a los hombres y buscan constantemente entrar en los cuerpos humanos, realizando posesiones diabólicas. ¿Podrían ser ellos los demonios? O incluso ¿podrían haberse transformado en alguna especie de almas errantes o en pena que deambulan por la Tierra? El Libro de Enoc abre la posibilidad de que estos gigantes se hayan trasformado en demonios. Esto lleva a la conclusión de que los demonios no son los mismos seres que los ángeles caídos originales. No obstante, veremos cómo los demonios y los ángeles caídos son el mismo ser espiritual de naturaleza angélica caída.

No existe en la Biblia un versículo exacto que indique que ambos términos se refieran a seres diferentes, sino todo lo contrario, por lo que los demonios son ángeles caídos, es decir, seres espirituales deformados que no han perdido su naturaleza angélica y, por ende, sus poderes al ser creados. Es cierto que existe controversia dentro del cristianismo sobre esta cuestión. El Libro de Enoc asevera que, al morir, los espíritus de estos gigantes se transformaron en los demonios que desde siempre han atormentado a la humanidad y son los responsables de poseer a las personas. Pero recordemos que en este texto conviven verdades y errores. Este es uno de esos errores, y uno de los grandes, que ha llevado a considerables confusiones dentro de la demonología.

Algunos teólogos sostienen que, aunque la Biblia no lo afirma, puede deducirse que los demonios son los espíritus inmundos de los nefilim, pero en las Escrituras no hay ni un solo versículo que haga tal aseveración ni que permita deducir tal conclusión. De hecho, la Biblia no especifica cuál fue el destino final de las almas de los malvados gigantes que tanta destrucción y sangre habían derramado sobre la Tierra y fueron causa del diluvio universal, y mucho menos aún menciona que se hayan transformado en demonios después de su muerte.

Por consiguiente, el Libro de Enoc menciona que los espíritus de estos gigantes muertos en el diluvio son las fuerzas demoniacas que atormentan a la humanidad. Empero, no son los ángeles caídos (vigilantes). El texto concluye, de manera errónea, que como fueron engendrados por seres espirituales, vivirán por siempre en la Tierra, aunque siendo espíritus malignos que buscan entrar en cuerpos humanos. «Cuando el espíritu inmundo sale del hombre, anda por lugares secos, buscando reposo, y no lo halla» (Mateo 12:43). Como almas en pena o espíritus errantes, pero de naturaleza demoniaca, que buscan entrar en cuerpos humanos.

Sin embargo, hay fuertes evidencias bíblicas que sostienen justo lo contrario, es decir, que tanto los ángeles caídos como los demonios son las mismas criaturas.

Mateo 25:45 indica: «Al fuego eterno preparado para el diablo y sus ángeles». Sabemos que el diablo es Satanás, un querubín caído, por tanto, un ángel caído. Con claridad nos dice que son ángeles (rebeldes) quienes lo acompañan.

En Apocalipsis 12, se puede leer: «Batallaba Miguel y sus ángeles contra el dragón y sus ángeles». Una vez más, la Biblia afirma: «De un lado, los ángeles que acompañaban a Miguel y, por el otro, los ángeles que acompañaban a Satanás». Además, aquellos que sostienen la postura que ángeles caídos NO es lo mismo que demonios, sostienen que los ángeles caídos NO pueden poseer cuerpos humanos, porque quienes lo hacen son los demonios, no obstante, en la Biblia vemos con evidencia que esto NO es así. En Lucas 22:3, leemos: «Entró Satanás en Judas». El versículo refiere a Judas Iscariote, el traidor (un ser humano) y Satanás (un ángel caído). Por consiguiente, indica que los ángeles SÍ pueden poseer cuerpos de humanos. En consecuencia, es lo mismo ángeles caídos que demonios. Aunque las almas de estos gigantes se fueron al infierno, no existe un solo versículo que afirme que luego de su muerte se transformaron en demonios.

Los desterrados

Según el libro *Enoc y los nefilim* de J. A. Fortea, la palabra que se ha traducido para gigante en hebreo es nefilim, que viene de la raíz *nephal*, que significa 'caer'. Se les llama así por alusión a su condición de hijos de los caídos (los que cayeron, que fueron expulsados de los cielos), es decir, los ángeles caídos. Debemos, por tanto, diferenciar los términos correspondientes.

La correcta traducción nefilim en hebreo sería 'aquellos que cayeron, los que fueron expulsados'. Sin duda, refiere a los vigilantes, los ángeles rebeldes que descendieron y se mezclaron con mujeres, dejando la descendencia original, los gigantes nefilim. Vemos cómo el término nefilim se utiliza tanto para los vigilantes (demonios) como para sus descendientes (gigantes). Estos hijos de Dios fueron conocidos, entonces, con el nombre de nefilim una vez que pasaron a esta dimensión, pero también su descendencia fue llamada de la misma manera.

Por esta razón, la palabra nefilim fue traducida como 'gigantes', aunque, en realidad, significa 'los caídos'. La raíz hebrea de nefilim es el verbo *nephal*, que significa 'caer, ser desterrado, ser expulsado'. La traducción correcta entonces sería 'los caídos, aquellos que fueron desterrados, los que descendieron'. Una especie de seres diferentes a los seres humanos, de naturaleza angélica, interdimensionales, fueron expulsados y cayeron a la Tierra. Espirituales, pero con capacidad de materializarse y volverse tangibles. El Libro de Enoc menciona, además, que estos seres descendieron durante los días de Jared, el padre de Enoc. El nombre Jared, de hecho, significa «descenso», porque fue durante su vida cuando el descenso de estos ángeles se produjo.

Estas criaturas espirituales, si bien con capacidad para hacerse tangibles, fueron conocidos en todas las culturas como los dioses brillantes resplandecientes, debido a que todos ellos mencionaban el brillo resplandeciente de los dioses que cierta vez descendieron para convivir con los hombres, dejando conocimientos en todas las áreas.

Las expresiones «expulsados» y «desterrados» para los vigilantes encajan como anillo al dedo con la expulsión de Lucifer y un tercio de los ángeles que, una vez rebelados contra Dios, cayeron a la Tierra. Algún tiempo después de su creación, y después del sexto día cuando se declaró que todo era muy bueno (Génesis 1:31), Lucifer se rebeló y fue expulsado del cielo. «¡Cómo caíste del cielo, oh, Lucero, ¡hijo de la mañana! Cortado fuiste por tierra, tú que debilitabas a las naciones» (Isaías 14:12).

Por otra parte, en Lucas 10:18, Jesús dijo: «Yo veía a Satanás caer del cielo como un rayo». Y en el libro de las Revelaciones se ve a Satanás como «una estrella que cayó del cielo a la tierra» (Apocalipsis 9:1). También se nos dice que: «...su cola arrastraba la tercera parte de las estrellas del cielo, y las arrojó sobre la Tierra... Y fue lanzado fuera el Gran Dragón, la serpiente antigua, que se llama diablo y Satanás, el cual engaña al mundo entero; fue arrojado a la Tierra, y sus ángeles fueron arrojados con él» (Apocalipsis 12:3-9).

Aunque se suele llama «nefilim» a los gigantes, es decir, a la descendencia de los vigilantes, este sería un término más adecuado para los vigilantes, en vista de que los gigantes nunca cayeron ni fueron desterrados de lugar alguno. La correcta expresión para los vigilantes sería entonces «los que fueron arrojados, aquellos que fueron expulsados».

Además, estos nefilim son un tipo de gigantes, aunque se denomina de esa manera a todos los gigantes producto de esa unión ilícita contra natura de mezcla de especies. De hecho, se les llama de varias formas a los gigantes:

Los nefilim: serían los originales, antediluvianos, descendientes directos de los ángeles rebeldes, los más altos y fuertes, los valientes de la antigüedad, los hombres de renombre, los semidioses de antiguas culturas. Nacieron de ambos sexos: nefilim hombres y mujeres.

Luego, tenemos a los descendientes de los nefilim, o seres posdiluvianos, hechos mediante manipulación genética por los mismos ángeles caídos: anaquitas, refaítas, emitas. También del sexo masculino y femenino.

Es importante concluir que los descendientes de los vigilantes, es decir, los nefilim originales, NO son los descendientes de la serpiente. Satanás no era su padre, pues este no estaba entre los rebeldes que descendieron en el monte Hermón. Por tanto, los nefilim originales no son simiente de la serpiente, sino linaje de los ángeles caídos. Lo mismo aplica para los gigantes posdiluvianos, quienes continúan siendo el linaje de los ángeles caídos, aunque hubieran sido concebidos a través de manipulación genética.

Dos linajes, una misma naturaleza

De este modo, la raza de víboras está conformada por un doble linaje: la simiente de Satanás y los descendientes de los nefilim, aunque, en definitiva, son uno mismo, debido a que sus descendientes son producto de seres interdimensionales y espirituales de naturaleza angélica rebelde, pero con capacidades de volverse tangibles (al menos en el pasado).

Los descendientes de la semilla de la serpiente tienen su patriarca en Caín, mientras que los híbridos de los ángeles caídos son producto de manipulación genética, en vista de que sus retoños originales (nefilim antediluvianos) fueron exterminados con el diluvio universal.

Estos dos linajes conforman el origen de las familias híbridas más poderosas de la historia de la humanidad.

Inmediatamente después del diluvio, solo había quedado Canaán como continuidad de la simiente de la serpiente, todo porque era producto de Naama (nieta de Caín) con su hijo Cam. Recordemos que los originales «grigori» habían sido enviados a prisiones de oscuridad, por orden de Dios, por haber cometido la aberración de fornicar con humanas. Luego de este episodio, Dios había retirado la habilidad/capacidad de los ángeles caídos para realizar la materialización completa, como sucedía antes del diluvio y, por ende, impedía una nueva reproducción sexual entre ángeles y humanas. Por este motivo, un nuevo grupo de ángeles rebeldes, esta vez mucho mayor, habrían decidido crear híbridos a partir de la manipulación genética, gracias a que eran especialistas en la materia. Justo por ese motivo, estos híbridos eran/son perfectamente visibles e incluso pueden ser muertos, ya que no son seres espirituales, sino físicos, aunque no humanos.[120]

120 Sabemos que los ángeles caídos no poseen la capacidad de crear nada; empero, han estado desde siempre obsesionados con la hibridación, con la manipulación del ADN humano, llegando a mezclar y producir monstruos, mezcla de ADN humano con animales antes del diluvio. ¿Podría haber ocurrido que, luego del diluvio y hasta los días de hoy, continúen experimentando y realizando aberraciones en bases subterráneas secretas? ¿Podrían, acaso, estos ángeles caídos haber logrado mezclar diferentes ADN y crear criaturas hibridas. El resultado serían seres sin alma, ya que no tienen el poder de infundir aliento de vida en criatura alguna. En ese caso, tendríamos los extraterrestres grises, los cuales, rompiendo las leyes de la física, apareciendo, desapareciendo y cambiando de forma, serían los mismos ángeles caídos presentándose con ese aspecto. Recordemos el portal abierto en el desierto de Mojave, poco antes del incidente Roswell. Es en bases subterráneas donde algunos testigos afirman haberlos visto físicamente, haber sentido su terrible hedor a azufre, haber sentido su frialdad e, incluso, haber logrado herir o matar a estas criaturas hibridas, creadas mediante manipulación genética y que, desde hace décadas, colaboran con ciertos gobiernos, siendo ellos mismos elementos de la élite satánica mundial.

De hecho, existen varios testimonios de personas que se toparon con algunos de estos híbridos, conocidos en la actualidad como extraterrestres grises. Uno de los testimonios más sorprendentes es el del estadounidense, geólogo e ingeniero estructural Phil Schneider, quien fue contratado por el gobierno norteamericano para trabajar en la base secreta de Dulce, Nuevo México, en 1979. Allí, protagonizó un acontecimiento terrorífico que lo marcó de por vida. En uno de esos túneles subterráneos, Schneider notó un fuerte y repugnante olor fétido al que describió como: «El hedor era peor que el más asqueroso cubo de basura que os podáis imaginar». Allí se deparó cara a cara con una horrenda criatura humanoide estilo gris, pero de gran estatura, de grandes ojos negros almendrados, cabeza grande y cuerpo delgado. Nunca antes había visto nada igual.

Al instante, se le congeló la sangre, se sintió tan aterrorizado que cogió su pistola para atacar a la criatura, que parecía esperar el momento oportuno para atacarlo. Pocos segundos después, aparecieron varias otras criaturas iguales a la primera, por lo que disparó sin pensarlo dos veces y pudo percibir cómo hería y mataba a dos de ellas. Pudo notar cuando cayeron heridas, abrían unos «escudos» y aparecían unos ojos amarillos con pupila vertical, como si los grandes ojos negros almendrados no fueran sino lentes oscuros para protegerse de la luz. Detrás de él, otros compañeros también disparaban y se desató una verdadera guerra allí abajo. Uno de los seres realizó unos extraños movimientos ondulatorios con sus manos en el pecho. Lo siguiente que pudo recordar es como si un rayo lo impactara directamente en su estómago, tumbándolo de inmediato en el piso y quedando semimuerto. Este rayo logró quemarle al instante varias uñas y dedos de las manos y pies y le dejó un hoyo en su estómago. Allí permaneció tendido algunos segundos y sintió como si estuviera muriendo. Logró salir con vida gracias a uno de sus compañeros, quien lo cogió, lo arrastró hasta la cesta y logró subirlo a la superficie.

Este incidente revela con claridad que los extraterrestres grises son, en realidad, híbridos creados por los mismos ángeles caídos, los cuales utilizan una especie de piel/traje con ese aspecto, pero en ocasiones su verdadero aspecto de reptil aparece con los ojos amarillos y las pupilas verticales. Algunos otros aspectos para destacar es el olor fétido y la posibilidad de herirlos, incluso de matarlos.

El mismo grupo de ángeles rebeldes, quienes decidieron crear híbridos físicos, también se presentó como dioses ante las primeras civilizaciones, entre ellas la Sumeria, conviviendo por cierto tiempo con los hombres (aunque sin poder materializarse por completo, por lo que no podían reproducirse). Esa es la razón por la que continuaron insistiendo en la fornicación espiritual, mediante los ataques sexuales de íncubos y súcubos, como ya hemos visto en el libro *Demonios del sexo: íncubos y súcubos. Demonología y sexualidad*.

En consecuencia, luego del diluvio, la simiente de la serpiente continuó coexistiendo con los humanos descendientes de los otros hijos de Noé. Al sumarse la raza híbrida, producto de la manipulación genética por parte de los caídos, los dos linajes (además de los seres humanos, quienes se fueron reproduciendo y mezclando entre ellos) convivían dominando y dirigiendo a los hombres. A su vez, entre ellos se fueron mezclando y dando origen a lo que, más adelante, conoceríamos como «los integrados de linaje noble».

En definitiva, la raza de víboras reptiliana/*draco* no es una raza extraterrestre, sino un vínculo físico y espiritual con el linaje de la serpiente y los híbridos creados por los ángeles caídos.

Conclusiones

Hemos llegado al final del libro. Con este primer volumen de *Raza de víboras: el origen* procuré, de alguna forma, ofrecer posibles respuestas del comienzo de los dos linajes reptil/*draco* que, en la actualidad, gobiernan al mundo y componen lo que llamamos «élite satánica de poder». Un texto que, a mi entender, podría haber sido difícil de digerir y, por momentos, un tanto fantasioso, por eso mi advertencia de estar orientado solo hacia cristianos maduros en la fe, preparados mental y espiritualmente para los conocimientos que, al inicio, pudieran resultar penosos de asimilar.

El objetivo de esta humilde obra ha sido explicar el origen de la élite satánica no humana que gobierna el mundo y que, a diario, vemos ejecutar sus planes en busca de la instauración del Gobierno Mundial Tiránico, sabiendo que la figura que se encuentra detrás de todo es el mismo Satanás, quien está ejecutando su diabólico plan de venganza; aunque bien sabe que está derrotado. Por consiguiente, jamás se debe perder de vista que el trasfondo de todo el panorama es, en esencia, espiritual, una lucha acérrima por el destino de miles de millones de almas.

Pudimos observar cómo una vez expulsado del cielo, el Maligno buscaba venganza. Aguardando el momento exacto, vio su oportunidad cuando el Creador dio su aliento de vida a su nueva obra: la pareja de humanos Adán y Eva. Dios los puso en el Jardín del Edén para que fructificaran. Ambos convivían con el Creador en un estado de inocencia y pureza.

Utilizando una de sus grandes habilidades, me refiero a su capacidad de materializarse y hacerse tangible por completo, la serpiente astuta, de aspecto reptil/*draco*, optó por presentarse ante Eva tras adoptar una hermosa y resplandeciente apariencia, con la que logró seducirla y engañarla.

De este acto abominable de adulterio y fornicación, Eva llevaría en su vientre el fruto de dicha aberración, conjuntamente con el fruto de su marido, Adán. Tendría entonces en su vientre dos simientes: la de la serpiente y la de Adán. Pero esto no era todo. Eva lograría convencer a su marido de mantener relaciones sexuales con ella de una forma totalmente alejada de lo que Dios les había enseñado. Desilusionado y dolido, el Creador los expulsó del Edén, produciéndose una ruptura entre el Creador y su criatura. Fue ese momento cuando comenzó la corrupción en las vidas de los hombres. Se había perdido la inocencia, la conexión con Dios. El pecado y la maldad se habían infiltrado dentro de la misma esencia de las nuevas criaturas de carne y hueso creadas por Dios.

Misericordioso, Dios permitió que la simiente de la serpiente naciera de Eva, dando origen a Caín, el primer híbrido. También nació el primer descendiente humano de Adán y Eva: Abel. Como Caín era hijo también de Eva, cabría la posibilidad de que se pareciera más a su madre y no a su padre. Pero Caín era, en definitiva, más parecido al Maligno y, por tanto, procuró ejecutar las acciones de su padre, por lo que se rebeló envidioso y malvado.

Las circunstancias que rodearon el asesinato cometido por Caín no son reveladas en la Biblia y levantan las más variadas conjeturas, desde que lo hizo por celos y envidia hasta aquellas teorías que afirman que su asesinato fue un ritual, el primer ritual de sacrificio y derramamiento de sangre para rendir culto al Maligno. Así, el primer híbrido fue también el primer asesino en la historia. Algunos se atreven a afirmar que Caín fue, además, el primer vampiro que derramó sangre humana y la bebió.

Cuando Eva dio a luz a Set, inició una gran separación entre los descendientes de Caín (de la serpiente) y los de Set (Adán), donde los primeros eran violentos, agresivos, dominantes y alejados de Dios. No obstante, los descendientes de Set (en general) tenían otra naturaleza, mucho más pacífica y bondadosa, aunque, por supuesto, siempre existe alguna manzana podrida en todo cesto.

Al ver que su comandante en jefe había logrado tener su descendencia, un grupo de ángeles rebeldes decidió también tener la suya, por lo que se eligió un portal para materializarse (monte Hermón) y se mezclaron con humanas, dando a luz a gigantes de sexo masculino y femenino. Sobre estos híbridos, la Biblia menciona que son los héroes de los tiempos antiguos, los valientes de la antigüedad, y poderosos hombres de renombre, los que, más adelante, en culturas como la griega se conocerían con el nombre de semidioses. En hebreo se utiliza el término *gibborim*, que significa 'los más poderosos'. Eran poderosos por su naturaleza violenta, fuerte, de gran estatura, de liderazgo y se atribuían el derecho a gobernar sobre los hombres, a quienes consideraban inferiores con notoriedad. Estos gigantes eran malvados en exceso, además bebían sangre y comían carne humana. Antes del diluvio, los hombres estaban siendo cobardemente exterminados, en parte por estos gigantes y en parte por los híbridos animal-humano creados por los ángeles caídos.

Entonces, Dios decidió ayudar a la raza humana. Intervino de forma directa y exterminó a todos los gigantes. Sin embargo, en el arca de Noé existían descendientes de Caín. ¿Podría acaso habérsele pasado eso a Dios? Por supuesto que no. ¿Por qué Él no exterminó también a la esposa de Noé y a las mujeres de sus hijos, de las cuales se afirma que eran descendientes de Caín? Solo Dios lo sabe, pero es muy probable que ellas no fueran malvadas. Dios no exterminaría a alguien únicamente por ser descendiente de un linaje malvado. El escudriña los corazones.

En determinado momento que la Biblia no aclara, aconteció el incesto mencionado con anterioridad, lo que dio origen a la maldición de Canaán. La simiente de la serpiente continuaba existiendo después del diluvio a través de Canaán. La Biblia indica que después del diluvio había gigantes, tal vez producto de la manipulación genética por parte de los ángeles caídos, los cuales buscaban continuamente la hibridación. Y esos híbridos, algunos de ellos conocidos como grises, han estado buscando la hibridación entre ellos mismos y las mujeres humanas, extrayendo óvulos o embarazándolas para obtener los fetos, los cuales, cuando sus rasgos se parecen más a sus progenitores, son extraídos, y en ocasiones criados por sus madres.

Dos caras de una misma moneda
Élite de Oriente y élite de Occidente

La raza de víboras se compone de la simiente de la serpiente/*draco*, los descendientes del Maligno y los descendientes de Caín y Canaán, quienes fundaron las culturas de Oriente, las religiones tales como el budismo y el hinduismo y todas las creencias de idolatría al dragón. Las familias descendientes de Nahash han reinado y dominado el Oriente, de hecho, son la élite Oriental, por eso son los *dracos*. La nación del dragón (China) es la que comanda la élite de Oriente, la cual tiene el mismo objetivo que la élite occidental: el dominio del mundo, entregar el poder al anticristo y concretar el plan del Maligno para instaurar un gobierno mundial único y tiránico; una nueva Torre de

Babel para dominar, subyugar y esclavizar a los hombres. En términos generales, poseen una agenda compatible con la élite de Occidente, pero muchas veces poseen divergencias y buscan llegar a los mismos objetivos, aunque por caminos diferentes. La élite de Oriente está compuesta por los *draco*, quienes son inamovibles, controladores, opresores, fríos en exceso, disimulados, discretos y profundamente malvados.

Por su parte, los híbridos creados por los ángeles caídos después del diluvio, los llamados reptilianos, formaron la élite de Occidente. Estos se caracterizan por ser más agresivos e impulsivos. Buscan implementar el nuevo orden a través de la agenda 2030. Apuestan a una agenda mucho más evidente de control, oprimiendo al ser humano y utilizando métodos como programación y armas biológicas, con los que el genocidio y el exterminio de gran parte de la población mundial han sido plasmados en las Piedras Guías de Georgia, las cuales han sido demolidas en su totalidad en el año 2022, luego de un misterioso ataque que voló por los aires una de las losas.

Tanto la élite de Oriente como la élite de Occidente forman dos linajes diferentes, pero de una sola raza: híbridos descendientes de humanos y demonios. Ambos tienen planes de dominación mundial y persiguen objetivos comunes, tales como instaurar, de manera definitiva, el Gobierno Mundial Tiránico y posicionar en control de mando al Anticristo. Dos linajes, una sola naturaleza angelical caída. Dos caras de una misma moneda.

Hoy en día, ambas agendas se identifican con el control y la opresión. La agenda de Oriente tiene que ver más con la opresión y el control extremo, con el ideal de imitar el modelo chino. La agenda de Occidente es la del control y la opresión, pero orientada hacia un gran genocidio, exterminando miles de millones de personas. Apuestan por el bioterrorismo, todo bajo el mando de la ONU y sus organizaciones satélites.

Ambas, la élite de Oriente y la de Occidente están bajo el mando de Satanás, quien sabe que estamos ya en el fin de los tiempos: «Por lo que ha descendido a vosotros con gran ira, sabiendo que tiene poco tiempo» (Apocalipsis 12:12).

El Maligno sabe que su derrota está asegurada y es inevitable, sin embargo, no se arrepiente, sino que arremete con más ira contra la humanidad, utilizando sus planes satánicos para detener a las personas de creer y seguir a JESÚS, infiltrándose entre el pueblo de Dios, sometiendo, engañando y esclavizando todas las almas posibles.

Luego del diluvio, los dos linajes y los hombres coexistían y el Maligno puso en práctica su plan maestro: organizar a la humanidad en oposición y rebeldía contra el Creador. Fue cuando construyeron la Torre de Babel (la primera). Allí nació la idolatría, surgió el culto babilónico a la madre y al hijo, que luego daría origen al culto mundial, a demonios asociados al culto del dios sol y la diosa luna.

Pero esa es otra historia...

Insto al lector a pedir discernimiento al Espíritu Santo sobre todo lo expuesto en este texto.

Dios ha dicho:

> «Clama a mí, y yo te responderé, y te enseñaré cosas grandes y ocultas que tú no conoces» (Jeremías 33:3).
> «Porque es Dios quien revela lo profundo y lo escondido» (Daniel 2:22). «El misterio que había estado oculto desde los siglos y edades, pero que ahora ha sido manifestado a sus santos» (Colosenses 1:26).

«Pero Dios nos las reveló a nosotros por el Espíritu; porque el Espíritu todo lo escudriña, aun lo profundo de Dios» (1 Corintios 2:10).

Dios te bendiga.
Dios te guarde.
Dios te dé sabiduría.
Dios te dé discernimiento.

REFERENCIAS BIBLIOGRÁFICAS

- Anónimo. Libro de Enoc.
- Fortea, J. A. *Enoc y los nefilim.*
- Ibarra, R. *Simiente de la serpiente.*
- Icke, D. *Hijos de matrix.*
- Mancebo, V. *Demonios del sexo: íncubos y súcubos. Demonología y sexualidad.*
- Mancebo, V. *Luz en la oscuridad: demonología moderna.*
- Mancebo, V. *Mensajeros del engaño: demonios en piel alienígena.*
- Murphy, E. *Manual de guerra espiritual.*
- Scott, A. *Auge y caída de los nefilim.*
- Scott, A. *La historia secreta de los reptilianos.*

OTROS LIBROS DE LA AUTORA

Demonios del sexo: íncubos y súcubos. Demonología y sexualidad

Luz en la oscuridad: demonología moderna

Mensajeros del engaño: demonios en piel alienígena

www.ingramcontent.com/pod-product-compliance
Lightning Source LLC
LaVergne TN
LVHW091407190726
843491LV00006B/1310

* 9 7 8 6 1 2 5 0 7 8 4 8 3 *